国家出版基金项目
NATIONAL PUBLICATION FOUNDATION

“十三五”国家重点出版物出版规划项目
中国反腐败国家立法研究丛书

# 推进反腐败国际立法研究

聂资鲁 著

湖南大学出版社
·长沙·

**图书在版编目（CIP）数据**

推进反腐败国际立法研究 / 聂资鲁著. -- 长沙 ：
湖南大学出版社，2024. 12. --（中国反腐败国家立法研
究丛书）. -- ISBN 978-7-5667-3278-1

Ⅰ. D997. 9

中国国家版本馆 CIP 数据核字第 202494NL13 号

**推进反腐败国际立法研究**

TUIJIN FANFUBAI GUOJI LIFA YANJIU

**著　　者**：聂资鲁
**策划编辑**：谌鹏飞
**责任编辑**：陈建华
**印　　装**：湖南天闻新华印务有限公司
**开　　本**：710 mm×1000 mm　1/16　　**印　　张**：13. 25　　**字　　数**：214 千字
**版　　次**：2024 年 12 月第 1 版　　**印　　次**：2024 年 12 月第 1 次印刷
**书　　号**：ISBN 978-7-5667-3278-1
**定　　价**：60. 00 元

**出 版 人**：李文邦
**出版发行**：湖南大学出版社
**社　　址**：湖南・长沙・岳麓山　　**邮　　编**：410082
**电　　话**：0731-88822559（营销部），88821691（编辑室），88821006（出版部）
**传　　真**：0731-88822264（总编室）
**网　　址**：http://press.hnu.edu.cn
**电子邮箱**：presschenpf@ qq. com

# 总 序

党的十八大以来，以习近平同志为核心的党中央，从维护党和国家长治久安与回应民众期待要求出发，高度重视法治反腐，坚定不移地推进党风廉政建设与反腐败斗争。反腐败斗争力度前所未有，取得的成就令世界瞩目，成功地走出了一条中国特色的反腐败之路。我国在国际社会树立了良好的形象，国际影响力与话语权不断得到提升。

在国际规则重塑的当下，国际社会，尤其是新兴国家，特别需要中国提供的公共产品——反腐败中国方案与中国经验，国际反腐败合作也需要中国参与和推进。十年来，中国秉持多边主义立场，积极维护以联合国为核心的反腐败国际治理体系，积极参与反腐败多双边合作，坚决打击跨国腐败犯罪，推动全球反腐败秩序向更加公平公正的方向发展，为构建人类命运共同体作出了中国贡献。

推进反腐败国家立法，是党的十八大以来，以习近平同志为核心的党中央全面从严治党重大政治建设成果的经验总结。推进反腐败国家立法，事关党风廉政建设和反腐败工作全局，是建设中国特色社会主义法治体系的重要内容。在十八届中央纪委二次全会上，习近平总书记就提出，要善于运用法治思维和法治方式反对腐败，加强反腐败国家立法，加强反腐倡廉党内法规制度建设，让法律制度刚性运行。党的十八届四中全会提出："加快推进反腐败国家立法，完善惩治和预防腐败体系，形成不敢腐、不能腐、不想腐的有效机制，坚决遏制和预防腐败现象。"党的十九大报告提出："推进反腐败国家立法，建设覆盖纪检监察系统的检举举报平台。"党的二十大报告明确提出："深化标本兼治，推进反腐败国家立法。"

“中国反腐败国家立法研究丛书”（以下简称“丛书”），基于党的十八大以来“推进反腐败国家立法”和“一体推进不敢腐、不能腐、不想腐”“夺取反腐败斗争压倒性胜利”这一时代背景，以习近平法治思想为根本遵循，深入分析党风廉政建设与反腐败斗争中的重大法治问题，尤其是立法问题，博采众长，希望建构起一种与社会主义市场经济、法治国家和民族精神的发展相适应的道德、廉政、法治秩序，以服务于法治中国建设，服务于中国式现代化建设。

丛书含括《反腐败国家立法通论》《国际组织反腐败立法研究》《防止公职人员利益冲突立法研究》《公共财政绩效预算与反腐败立法研究》《国有企业反腐败立法研究》《推进反腐败国际立法研究》《国外对中国近年来反腐败及反腐败立法的评价研究》等七个分册，凝结了作者对反腐败国家立法的历史沿革、立法原理、立法文本、立法技术、立法效果等方面的全面梳理、归纳与思索。丛书既有关于反腐败国家立法的整体分析，又有对于重点领域立法推进的具体研究，以及对国际反腐败合作与立法的深度研究，还有对国外评价中国反腐败国家立法效果的再评价，它们共同构建了一幅全景式展示反腐败国家立法理论、历史与发展规律、立法技术等的蓝图。

其一，建构了中国反腐败国家立法研究的分析框架和研究范式。从腐败的生成机理、构建反腐败的核心要素、反腐败立法的正当性和合法性等方面搭建了中国反腐败国家立法的分析框架。

其二，概括了反腐败国家立法模式。在对国外反腐败国家立法实践进行全面梳理和总结分析的基础上，将国外反腐败国家立法分为三个时期、三种模式，并对三个时期和三种模式进行了评析，总结了世界各国在反腐败立法上的经验教训。

其三，论证了我国推动反腐败国家立法体系化的必要性和可行性。从维护社会公平正义与和谐稳定的宏观角度，依然严峻的反腐败形势的中观角度，以及我国对《联合国反腐败公约》履约、为国际社会提供反腐败公共产品的微观角度，论证了我国推动反腐败国家立法体系化的必要性。从政策支持、理论储备、立法依据和国际经验等四个方面论证了我国推动反腐败国家立法体系化的可行性。

其四，以国外反腐败法律文本、立法实践为研究对象，落脚于对我国反腐败国家立法的探索，提出了未来我国反腐败国家立法体系的构想，提供了若干立法草案。

其五，提出了推动中国特色反腐败法典的编纂是当下刻不容缓的要务的观点，并着力分析了推动反腐败法典编纂的必要性、可行性，提出了起草反腐败法典的思路、框架与实施策略。

丛书既有对当代中国反腐败国家立法体制机制、反腐败立法体系化和反腐败法典的内涵及其特点、规律的探索，又有对国外反腐败国家立法的得失、特点与规律的总结，还有对国际组织反腐败立法的研究；既有对推进反腐败国际立法与反腐败国际执法的研究，又有对国际反腐败立法、执法绩效评估的研究。这些既是对反腐败国家立法、反腐败国际立法的历史演进、现实发展的研究，也是对未来反腐败法治建设的前瞻。

希望丛书能够给广大读者以启发，也期待着大家的批评指正。

2023 年 6 月 10 日

于广西大学

# 目　次

绪　论……………………………………………………………… 1
一、选题背景及意义……………………………………………… 1
二、国内外研究文献综述………………………………………… 8
三、研究内容及创新点 ………………………………………… 27
第一章　大变局时代中国推进反腐败国际立法的可能与有为分析
…………………………………………………………… 31
一、中国推进反腐败国际立法何以可能 ……………………… 31
二、中国推进反腐败国际立法何以有为 ……………………… 38
第二章　既存反腐败国际立法的梳理与评析 ………………… 43
一、全球性反腐败公约、协议、协定制定的经验与启示 …… 43
二、区域性反腐败立法的梳理、经验与启示 ………………… 48
三、评　析 ……………………………………………………… 56
第三章　中国推进反腐败国际立法的根本遵循 ……………… 57
一、习近平法治思想中推进全球治理与反腐败国际立法
理论的科学要义 ………………………………………… 57
二、习近平法治思想是推进反腐败国际立法的根本遵循 …… 76
第四章　掌握推进反腐败国际立法的话语权研究 …………… 79
一、国际立法原理概述 ………………………………………… 79
二、国际话语权的基本概念与功能 …………………………… 82
三、中国探索提升国际话语权的历史演进概述 ……………… 89
四、“一带一路”建设与中国国际话语权的提升 …………… 90
五、提升并掌握反腐败国际立法话语权的内容、途径与策略
…………………………………………………………… 92

**第五章　推进区域性反腐败立法研究：以中国—东盟区域反腐败统一规则制定为例**……………………………… 101
一、“一带一路”建设背景下中国—东盟经贸合作面临的多元挑战……………………………………………………… 102
二、中国—东盟区域制定反腐败统一规则的意义……………… 106
三、中国—东盟区域制定反腐败统一规则的制度基础………… 110
四、中国—东盟区域反腐败统一规则制定的必要性与可行性……………………………………………………………… 116
五、中国—东盟区域反腐败统一规则制定的依据与法理…… 121
六、中国—东盟区域反腐败统一规则——中国—东盟打击投资、贸易、政府采购等领域腐败行为公约的顶层设计……………………………………………………………… 125
七、制定与实施中国—东盟区域反腐败统一规则应注意的问题……………………………………………………………… 139
**第六章　推进全球性反腐败立法研究：以“一带一路”廉洁建设公约等四部公约的制定为例**……………………… 143
一、“一带一路”参与国家廉洁建设现状研究 ……………… 144
二、全球性经济合作与发展何以需要全球性反腐败立法：以“一带一路”建设何以需要廉洁建设与反腐败规则为例……………………………………………………………… 148
三、全球性反腐败规则制定的依据与法理基础……………… 156
四、多部全球性反腐败规则的顶层设计……………………… 164
五、推进全球性反腐败公约制定的途径、方法与策略……… 190
结　论……………………………………………………………… 195
一、当前国际反腐败合作与中国推进反腐败国际立法的新动向……………………………………………………………… 195
二、中国是当下与未来国际反腐败合作与立法的推进者…… 199
后　记……………………………………………………………… 201

# 绪　论

## 一、选题背景及意义

### （一）大变局时代的涉外法治建设与反腐败国际立法亟待推进

当今世界，正处于大变局时期。其主要表现为：国际地缘政治风险不断上升，传统安全和非传统安全威胁因素相互交织，多边贸易体制受到冲击，国际金融市场动荡风险加剧；二战后构建的国际格局日趋复杂化并加速演变，甚或重构；新兴市场国家和发展中国家正以前所未有的速度发展崛起；新一轮科技革命和产业变革带来的战略竞争空前激烈；中国的海外利益安全和“一带一路”建设面临更加严峻的安全风险挑战；等等。①

但变局中的风险总是与机遇并存的。如何在大变局时代加强涉外法治建设与反腐败涉外立法，考验的是一个国家和一个政党的战略决策能力。

**1. 推进国内涉外法治建设与反腐败国际立法刻不容缓**

2017 年 10 月 25 日，在党的十九届一中全会上，习近平总书记指出：“当今世界正面临着前所未有的大变局，中国特色社会主义进

---

① 于清林. 百年未有之大变局下涉外法治能力建设思考［J］. 大学（社会科学），2021（11）：119-121.

入了新时代。”[①] 12 月 28 日，在接见回国参加 2017 年度驻外使节工作会议的全体使节时，他又强调指出：“放眼世界，我们面对的是百年未有之大变局。新世纪以来一大批新兴市场国家和发展中国家快速发展，世界多极化加速发展，国际格局日趋均衡，国际潮流大势不可逆转。”[②]“世界百年未有之大变局”是习近平总书记对党的十八大以来所面临的世界形势的判断，是以习近平同志为核心的党中央对新时代的全新把握和认识。

中国特色社会主义进入新时代，尽管新时代改革开放和战略崛起面临更加严峻复杂的风险挑战，但诚如习近平总书记所指出的那样：“当前，我国处于近代以来最好的发展时期，世界处于百年未有之大变局，两者同步交织、相互激荡。”[③] 今天的中国，比历史上任何时期都更接近中华民族的伟大复兴，日益走近国际舞台的中央。

党的十八大以来，以习近平同志为核心的党中央高瞻远瞩，站在民族复兴和国家崛起的战略全局运筹部署涉外法治工作。

党的十八届四中全会审议通过了《中共中央关于全面推进依法治国若干重大问题的决定》，首次以党的文件形式对涉外法治工作作出重大战略部署，明确提出要加强涉外法律工作。

党的十九届四中全会明确提出要建立涉外工作法务制度。

党的十九届五中全会对涉外法治工作再次进行了战略部署，明确提出要加强涉外法治体系建设。

党的十九届六中全会明确提出要加强涉外领域立法，深刻指明了当前和今后一个时期涉外法治建设的工作重点。

十九届中央纪委六次全会对“加大跨境腐败治理力度，构建反

① 中共中央党史和文献研究院，中央“不忘初心、牢记使命”主题教育领导小组办公室. 习近平关于“不忘初心、牢记使命”论述摘编［M］. 北京：党建读物出版社，2019：217.

② 李伟红. 习近平接见二〇一七年度驻外使节工作会议与会使节并发表重要讲话［N］. 人民日报，2017-12-29（1）.

③ 习近平. 习近平谈治国理政：第三卷［M］. 北京：外文出版社，2020：427-428.

腐败涉外法律法规体系”作出重要部署。

习近平总书记在党的二十大报告中指出：“加强重点领域、新兴领域、涉外领域立法，统筹推进国内法治和涉外法治。”① 这是党中央再次提出的明确要求。

十年间，中国坚持统筹推进国内法治和涉外法治，加强涉外法律法规体系建设，取得了历史性的成就。无论是涉外立法，还是参与国际规则制定，推动全球治理体系的改革和建设，推进反腐败国际合作，都取得了令世界瞩目的成绩。②

但毋庸讳言，目前，我国的涉外法治体系仍然有待完善。涉外法律规范分散于相关领域法律法规条款中，系统性、覆盖性、协调性、实效性明显不足。尽管我国先后出台《不可靠实体清单规定》《阻断外国法律与措施不当域外适用办法》等部门规章，但制度构建尚不系统，实际效能远不能满足当前需求。

这与作为世界第一贸易大国和第二大经济体的我国不匹配。我国涉外法律体系在维护国家及公民海外利益方面还有诸多不足和短板，尤其缺乏保护国家海外利益不受侵害的“中国法律域外适用体系”。

因而，以习近平法治思想作为根本遵循和科学指引，完善涉外法律体系，推进反腐败国际立法刻不容缓。

**2. 推进“一带一路”廉洁建设与反腐败国际合作的历史机遇**

如前所述，当今的世界，正处于百年未有之大变局，和平与发展的时代主题遭遇严峻的挑战，国际体系和国际秩序也在进行深度调

① 习近平. 高举中国特色社会主义伟大旗帜 为全面建设社会主义现代化国家而团结奋斗：在中国共产党第二十次全国代表大会上的报告（2022 年 10 月 16 日）[M]. 北京：人民出版社，2022：41.

② “一是加强涉外领域立法”，“二是完善涉外法治服务体系”，“三是深入推进执法司法和反腐败国际合作”，“四是积极推动国际关系法治化”。参见汤莉. 中国涉外法治取得重大进展[EB/OL]. [2022-07-31]. https：//finance. sina. com. cn/jjxw/2022-07-31/doc-imizmscv4286848. shtml? cref=cj.

整，国际力量对比发生深刻变化。

面对错综复杂的国际形势，唯有加强合作、凝聚共识，才能破解全球的治理难题。

2013 年，中国国家主席习近平主动提出解决世界问题的中国方案——“一带一路”倡议，体现了中国的大国担当。十年来，在“人类命运共同体”理念的指导下，“一带一路”建设深得国际社会的积极评价与广泛响应，取得了举世瞩目的成就，为世界经济增长带来新动力。

但同时，如何保证“一带一路”建设中的资金、项目不被腐败染指，也是一项艰巨挑战。因为当今的腐败问题更是呈现出国际化的趋势，正如《联合国反腐败公约》指出的：“腐败已经不再是局部问题，而是一种影响所有社会和经济的跨国现象……”①

作为“一带一路”的倡议者，中国一方面对内要推动反腐败涉外立法，推动相关部门加强对“走出去”企业和境外国有资产的监管，防范“一带一路”倡议实施中的腐败风险；另一方面，对外要加强与“一带一路”参与方的反腐败合作，与国际社会共同预防和打击海外商业贿赂，把“一带一路”反腐败纳入“构建国际反腐新秩序”整体进行谋划。

2017 年 5 月，在第一届“一带一路”国际合作高峰论坛上，习近平主席向世界发出了要让“一带一路”成为廉洁之路的倡议。这是一份中国政府对国际社会的庄严承诺，也符合“一带一路”沿线国家和地区的共同意愿。

2019 年 4 月，第二届“一带一路”国际合作高峰论坛圆桌峰会联合公报纳入包括“开放、绿色、廉洁”在内的高质量共建“一带一路”理念。在廉洁丝绸之路分论坛上，中国与有关国家、国际组织以及工商学术界代表共同发起了《廉洁丝绸之路北京倡议》，呼吁

① 《联合国反腐败公约》(2003) 序言。

各方携手共商、共建、共享廉洁丝绸之路，持续为“一带一路”建设保驾护航。

在“一带一路”框架下加强反腐败国际合作、建设廉洁之路，是中国推动腐败问题全球性治理、构建人类命运共同体的重要内容。

从《北京反腐败宣言》《二十国集团反腐败追逃追赃高级原则》到廉洁之路建设，为全球反腐败合作贡献中国智慧，中国逐渐完成了从反腐败国际合作的参加者、跟跑者到领跑者、引路者的身份转变。这是历史的选择，也是“一带一路”参与国的选择。

## （二）推进全球治理与反腐败国际立法既是责任又是使命

党的十八大以来，中国共产党与中国政府高度重视全球治理，积极发挥中国作为大国的作用并承担责任，为全球治理贡献中国方案与中国智慧。

2015 年 10 月 12 日，十八届中共中央政治局第 27 次集体学习把全球治理格局和治理体制作为学习的主题。

2016 年 9 月 27 日，十八届中共中央政治局第 35 次集体学习把二十国集团领导人峰会和全球治理体系变革作为学习的主题。

十八届中共中央政治局两次把全球治理作为中央政治局学习的主题，足见中国共产党和中国政府对全球治理的高度重视、推动全球治理体系变革的决心和作为大国对人类前途命运的责任担当。为推动全球治理体系变革，中国在多边国际舞台积极阐发中国对全球治理的理念和主张。

习近平总书记在党的十九大报告中指出：“中国秉持共商共建共享的全球治理观，倡导国际关系民主化，坚持国家不分大小、强弱、贫富一律平等，支持联合国发挥积极作用，支持扩大发展中国家在国际事务中的代表性和发言权。中国将继续发挥负责任大国作用，积极参与全球治理体系改革和建设，不断贡献中国智慧和力量。”

十九届四中全会进一步指出，积极参与全球治理，为构建人类命运共同体不断作出新的贡献。

习近平总书记领导、部署全球治理工作和反腐败国际合作工作。从 2013 年 4 月 7 日在博鳌亚洲论坛 2013 年年会上的主旨演讲，到 2017 年 11 月 11 日在亚太经合组织第 25 次领导人非正式会议第一阶段会议上的讲话，习近平总书记在各种多边国际舞台上就全球治理理念、加强国际合作等发表演讲 46 次，积极阐发中国的全球治理观，[①] 为推进全球治理工作和反腐败国际立法作出了卓越的贡献。习近平总书记多次指出："全球治理体系正处于调整变革的关键时期，我们要积极参与国际规则制定，做全球治理变革进程的参与者、推动者、引领者。"[②] 目的是推动国际秩序朝着更加公正合理的方向发展。因为它关乎人类的前途命运，这体现了大党和大国领袖的情怀与担当，也体现了中国作为最大的发展中国家的责任与使命。

中国推进全球治理，贡献中国智慧和中国方案，是担当大国责任的重要表现。为了推动人类命运共同体建设，为了更好地给世界提供公共产品，必须掌握中国自身的制度性话语权与国际规则制定的主导权。[③] 这对中国来说，不仅是情怀与责任，更是使命与担当。

中国首倡"一带一路"，并按照"共商共建共享"的全球治理观务实推进"一带一路"高质量发展，因而成为举世公认的"世界和平的建设者、全球发展的贡献者、国际秩序的维护者"。

建设廉洁丝绸之路，中国同样不仅是倡导者，也是实干家、引领者。

近年来，不断通过强化"一带一路"廉洁风险防控，加大跨境腐败治理力度，聚焦境外"关键少数"监督、财务资金监管、重大

① 王政达. 新时代中国对全球治理的新贡献［J］. 当代世界，2018（2）：56-58.

② 习近平. 加强党对全面依法治国的领导［J］. 求是，2019（4）：4-11.

③ 李春顶，李董林. 在全球治理变革中发挥参与者、推动者和引领者角色［J］. 中国报道，2020（1）：60-62.

项目管理，加大对违纪违法问题的查处力度。举办“一带一路”合作伙伴反腐败研修班、发展中国家反腐败研修班、非洲国家反腐败研修班，支持联合国毒罪办开展“丝绸之路经济带”反腐败项目，廉洁丝绸之路建设稳步推进。①

为总结和提炼近年来我国在推进廉洁丝绸之路建设方面所取得的巨大成就，以进一步推动高质量共建廉洁丝绸之路，我们深感有必要进行“一带一路”建设中的廉洁规则与反腐败规则制定的研究，因而便有了本选题的思考与设计。

### （三）研究意义

本研究，将具有以下几方面的意义：

第一，全方位地揭示中国是如何在大变局时代推进反腐败国际立法的，反映出历史演进的全貌与规律。

第二，科学地描绘出中国推进反腐败国际立法的总体规划、时间表与路线图。

第三，创新性地设计出中国推进反腐败国际立法的全球性廉洁建设与反腐败公约体系、区域性反腐败统一规则体系等各类公约、规则的草案。

第四，全面、系统探索中国推进反腐败国际立法的战略、途径与方法。

第五，从研究中国推进反腐败国际立法中汲取经验与智慧，助力南海问题的最终解决。秉持人类命运共同体理念，在南海海洋资源保护，尤其是海洋生物多样性保护方面，推进保护合作机制与制度建设，并加强机制、制度的廉洁性评估，制定廉洁海洋经济合作规则与廉洁海洋资源保护规则。南海问题是中国的核心战略问题。通过在反

① 引领反腐败国际合作的中国实践［EB/OL］.［2021-12-09］. https：//www. ccdi. gov. cn/toutiao/202112/t20211209_ 157639. html.

腐败合作中凝聚更多共识的基础上，逐渐为南海问题的最终解决提供制度上的保障，探索新的法治解决途径。

第六，本研究不仅对中国推进反腐败国际立法、执法与司法有着积极的意义，而且对中国推进全球治理也有着深远的意义；同时也将推动法学和政治学、管理学等相关学科的交叉、融合、发展。

## 二、国内外研究文献综述

### （一）国内研究文献综述

及时充分地了解和把握国内外相关研究成果，无疑对推进“一带一路”建设，尤其是“一带一路”建设中的廉洁规则制定具有重要意义。

**1. 关于习近平法治思想中的法治反腐理论研究**

习近平法治思想研究是当前的热点研究领域之一。国内学者对习近平法治思想的研究成果丰硕，蔚为大观。

2023 年 5 月，笔者在广西大学图书馆“超星法学”数据库，以“习近平法治思想”为关键词，搜索到 3.3 万项结果，其中：期刊论文 1.2 万篇、图书 41 部、报纸文章 7568 篇、学位论文 1002 篇、会议论文 198 篇、报告 5046 份、法律法规 73 部等等。以“习近平法治思想中的法治反腐理论”为关键词，搜索到 1185 项结果，其中：期刊论文 353 篇、报纸文章 304 篇、学位论文 69 篇、会议论文 11 篇、报告 135 份、法律法规 8 部等等。

在“中国知网”，以“习近平法治思想”为主题词，搜索到 4216 项结果，其中：期刊论文 2723 篇、图书 7 部、报纸文章 1005 篇、学位论文 205 篇、会议论文 48 篇等等。以“习近平法治思想中的法治反腐理论”为主题词，搜索到有 18 项结果，其中：期刊论文 16 篇、学位论文2篇。

在这些研究文献中，代表性的文献有：张文显《习近平法治思想的理论体系》,[①] 赵秉志、彭新林《习近平反腐倡廉思想研究》,[②] 马军亮《习近平反腐败国际合作思想与实践研究》,[③] 李文杰《习近平法治思想中法治反腐败理论的基本要义、功能优势与未来展望》。[④] 这些文献对于我们进一步的研究具有启发作用。

**2. 关于跨国腐败问题研究**

2023年5月，笔者在广西大学图书馆“超星法学”数据库，以“《联合国反腐败公约》”为关键词，搜索到3178项结果，其中：期刊论文1340篇、图书38部、报纸文章330篇、学位论文914篇、会议论文164篇、报告102份、法律法规9部等等；在“中国知网”，搜索到2.03万项结果，其中：期刊论文9428篇、图书584部、报纸文章828篇、学位论文8420篇、会议论文336篇等等。

在“超星法学”数据库，以“国际投资仲裁实践中的反腐败问题”为关键词，搜索到152项结果，其中：期刊论文9篇、学位论文16篇、报告60份、法律法规1部等等；在“中国知网”，搜索到50项结果，其中：期刊论文6篇、图书6部、学位论文35篇等等。

在“超星法学”数据库，以“国际经贸协定中的反腐败相关规则”为关键词，搜索到有1038项结果，其中：期刊论文1340篇、图书38部、报纸文章330篇、学位论文2篇、会议论文164篇、报告32部、法律法规1部等等；在“中国知网”，搜索到1038项结果，其中：期刊论文337篇、图书73部、报纸文章3篇、学位论文585篇、会议论文17篇等等。

---

① 张文显. 习近平法治思想的理论体系［J］. 法制与社会发展，2021（1）：5-54.

② 赵秉志，彭新林. 习近平反腐倡廉思想研究［J］. 北京师范大学学报（社会科学版），2015（5）：122-133.

③ 马军亮. 习近平反腐败国际合作思想与实践研究［D］. 北京：外交学院，2018.

④ 李文杰. 习近平法治思想中法治反腐败理论的基本要义、功能优势与未来展望［J］. 甘肃理论学刊，2023（2）：13-21.

我们的研究文献主要以上述搜集的资料为对象，进行梳理、批阅与评估。

跨国腐败问题的规制是一项复杂的系统性工程，需要国内立法、国际条约、国际软法、国际国内的反腐败机构及各种实施机制等共同加以规制。针对不同的规制路径，国内学者展开了广泛研究。

（1）关于《联合国反腐败公约》在我国适用的研究。

2003 年，《联合国反腐败公约》供联合国会员国开放签署。由于该公约是国际社会防治腐败的首部全球性反腐败法律文件，故此，2003 年以后，对《联合国反腐败公约》的研究，迅速成为我国学界的热点，涌现出一大批成果，如王作富①、陈光中②、高铭暄③等国内名家从《联合国反腐败公约》与中国反跨国贿赂犯罪的立法完善进行论述；聂资鲁④、石经海⑤、陈结淼⑥、张茜⑦、冉刚⑧、王秀梅⑨等分别对《联合国反腐败公约》与中国反腐败法制的完善、《联合国反腐败公约》与我国的反腐预防机制、《联合国反腐败公约》与反腐国际合作机制、《联合国反腐败公约》与履约审议机制、《联合国反腐败公约》与反腐败机构建设及私营部门腐败防治等问题进行了深度

① 王作富，但未丽.《联合国反腐败公约》与我国贿赂犯罪之立法完善［J］. 法学杂志，2005（4）：21-23.

② 陈光中，胡铭.《联合国反腐败公约》与刑事诉讼法再修改［J］. 政法论坛，2006（1）：84-92.

③ 高铭暄，张杰. 论国际反腐败犯罪的趋势及中国的回应：以《联合国反腐败公约》为参照［J］. 政治与法律，2007（5）：3-10.

④ 聂资鲁，等.《联合国反腐败公约》与中国反腐败法制的完善［M］. 广州：广东世界图书出版公司，2011.

⑤ 石经海. 反腐公约的预防机制与我国反腐的新课题［J］. 中国社会科学院研究生院学报，2008（3）：86-90.

⑥ 陈结淼.《联合国反腐败公约》框架下我国反腐败国际合作机制的构建与完善［J］. 法学评论，2007（5）：54-61.

⑦ 张茜.《联合国反腐败公约》履约审议机制研究［D］. 上海：华东政法大学，2019.

⑧ 冉刚. 国际法视野下的反腐败机构建设路径探析［J］. 湖南师范大学社会科学学报，2018，47（5）：62-67.

⑨ 王秀梅，宋玥婵. 反腐败国际公约视野下私营部门腐败的防治［J］. 法律适用，2017（18）：50-55.

研究。

需要指出的是，在《联合国反腐败公约》的视角下审视或评估跨国腐败的微观研究还有提升的空间，也很具必要性。

（2）对国际投资活动中的反腐败问题研究。

目前，国际投资活动中跨国腐败现象越来越多，利用国际投资仲裁机构处理涉腐投资争端越来越受学界关注。

如：王宇石认为，腐败是破坏国际投资环境的重要问题之一，“腐败抗辩”的提出使得越来越多的跨国腐败进入国际投资仲裁庭的视野，本应对打击跨国腐败起到积极的作用，但国际投资仲裁目前对“腐败抗辩”的主流做法容易导致投资者和东道国之间对腐败行为的责任分配不公，仅由投资者一方承担双方共同的腐败行为造成的负面影响，从而导致“腐败抗辩”被东道国滥用，反而有碍于打击跨国腐败。为了避免出现这种不利结果，应当引入过错分担标准，选择更为适当的证明标准并加强国际投资仲裁与国际反跨国商业贿赂机制的联系，以更好地处理国际投资仲裁中的“腐败抗辩”，使国际投资仲裁在国际反腐败机制中发挥更积极的作用。①

李倩瑶认为，国际投资仲裁中，贿赂与腐败是一把双刃剑，既可以作为投资者提出相关诉求的依据，也可以为东道国所运用作为抗辩。然而，目前还未出现投资者关于东道国腐败的诉求得到支持的案例，但东道国有关投资涉及贿赂无管辖权或不可受理的抗辩却多获支持。为了平衡东道国和投资者利益，现有投资仲裁实践有待改进和完善。还建议我国借鉴其他国家的双边投资协定范本和《全面与进步跨太平洋伙伴关系协定》中的反腐败规定，在对外签署的投资条约中对腐败行为加以规约。②

① 王宇石. 论国际投资仲裁中的腐败抗辩及其处理［J］. 湘潭大学学报（哲学社会科学版），2020，44（2）：98-104.

② 李倩瑶. 国际投资仲裁应对贿赂与腐败问题研究［J］. 北京仲裁，2018（4）：176-200.

马迅、张智慧也有类似的观点。[①]

**3. 关于贸易协定中的反腐败条款研究**

在“超星法学”数据库，以“贸易协定中的反腐败条款”为关键词，搜索到48项结果，其中：期刊论文1篇、学位论文11篇、报告26份等等；在“中国知网”，搜索到32项结果，其中：期刊论文16篇、图书2部、学位论文13篇、会议论文1篇。

有学者指出，WTO（世界贸易组织，简称世贸组织）对其成员的要求是贸易法律制度要有透明度，即各成员实施的有关贸易的政策、法令及各成员间签订的会影响到国际贸易的一些协定，都必须公布，其目的在于防止成员国之间进行不公开的贸易，从而造成贸易歧视，扭曲国际贸易。[②] 还有学者指出，缔约成员对透明度条款相关内容的具体落实属于非强制性的政策承诺。[③] 全小莲指出，透明度条款在一定程度上能降低制度性商业风险，减小腐败行为存在的空间。[④] 余贺伟则认为，TPP（《跨太平洋伙伴关系协定》）中的反腐败条款的设置对全球贸易法治的贡献就在于其纳入了反腐败规则，并且这些规则可能成为未来全球贸易法治的核心规则。[⑤] 有学者对国际上反腐败法律制度建设较为成熟的美国、欧盟、新加坡等的反腐败法和重点条款进行分析，建议在我国刑事法律中增加贿赂外国公职人员或国际组织官员罪、吸收借鉴OECD（经济合作与发展组织，简称经合组织）关于对跨国公司的商业贿赂行为进行规约的规定，以建立自

① 马迅. 论国际投资仲裁中腐败问题的可仲裁性［J］. 武大国际法评论，2013，16（2）：380-395. 张智慧. 论国际投资中贿赂问题的可仲裁性［D］. 济南：山东大学，2016.

② 方洁，杨国华. WTO对成员贸易法律制度的透明度要求［J］. 法学杂志，2001（2）：28-29.

③ 谢晓尧. WTO透明度：固有价值与保障机制［J］. 法学，2003（1）：72-76.

④ 全小莲. WTO透明度原则：内涵、发展与影响［D］. 长春：吉林大学，2010.

⑤ 余贺伟. 国际贸易形式变化与全球贸易法治：从WTO到TPP［J］. 亚太经济，2016（6）：43-49.

己的反商业贿赂制度。[①] 有学者提出跨国商业贿赂治理的国际公约的发展过程其实就是美国的国内反腐败法逐步国际化的过程。[②]

张晓君认为，TPP 就“透明度与反腐败”议题作出专章规范，在进一步强化透明度规则的同时，直指反商业贿赂问题，无疑是国际贸易投资领域反腐败合作的一个重要突破。根据已公布的 TPP 文本，透明度与反腐败规则作为独立章节，包括定义、透明度、反腐败、附件共四个条款，旨在促进 TPP 各缔约方均认同的目标，即加强良好治理、应对贪污贿赂等腐败给国际贸易投资带来的侵蚀性影响。从功能上讲，透明度条款可视为反腐败的间接性或治本性措施。他建议：应在贸易投资条约的谈判和完善过程中积极引入反腐败规则，以引领公平公正的贸易投资秩序。[③]

宋晓燕等人专门对 TPP 中的反腐败条款依照不同阶段所发挥的作用进行划分并进行了细致的分析，指出，尽管随着美国退出 TPP，该协定已升级为 CPTPP，但在协定中的反腐败条款的部分依旧大致沿用 TPP 的规定。[④]

白洁和苏庆义基于文本分析的视角，对 CPTPP 和 TPP 文本全文进行对比与解读，指出，尽管 CPTPP 中的反腐败条款与 TPP 中的条款内容基本一致，但由于对个别领域反腐败相关内容的搁置，使其在贸易反腐败领域所能发挥作用的广度和力度都有所削弱，但不可否认它代表了自贸协定中反腐败条款较为成熟的状态。[⑤]

---

① 王瀚琳.《联合国反腐败公约》下中国反腐败法律完善研究［D］. 沈阳：辽宁大学，2015.

② 袁杜鹃. 美国《反海外腐败法》为何力度开始加大［N］. 法治日报，2007-05-20（1）.

③ 张晓君. TPP 反腐败规则对我国的启示［J］. 暨南学报（哲学社会科学版），2016，38（9）：13-18.

④ 宋晓燕，廖凡，伏军，等. 关于 TPP 中若干议题的讨论［J］. 暨南学报（哲学社会科学版），2016，38（9）：1-6.

⑤ 白洁，苏庆义. CPTPP 的规则、影响及中国对策：基于和 TPP 对比的分析［J］. 国际经济评论，2019（1）：58-76，6.

赖婧宜通过将近期一些国家与地区重要的自由贸易协定中的反腐败条款与 CPTPP 中的反腐败条款进行对比，细致地分析了自由贸易协定中反腐败条款的重点内容与发展趋势。她建议：中国应积极参与双边、区域和多边贸易协定以及投资协定的谈判，就反腐败这一议题发出中国声音，提出中国方案。[①]

总之，我国对自由贸易协定反腐败条款的研究起步相对较晚，且主要集中在对 WTO 规则下透明度条款的解读上，针对具体的可能含有反腐败因素内容的并不多见，将其与公约联系起来并对其未来的完善发展作出展望的目前还没有。

**4. 关于反腐败涉外法律法规的研究**

代表性的文献有穆远征、吴建雄的《构建反腐败涉外法律法规体系》。[②] 此外，吴建雄和门甜还专门就反腐败涉外研究发表了文献综述《完善我国反腐败涉外法规的思考——基于中国知网反腐败涉外研究文献分析》，[③] 提及的文献资料比较翔实，评论也很到位。关于这一领域的研究情况在此不多论及。

**5. 关于反腐败国际合作的研究**

在“超星法学”数据库，以“反腐败国际合作”为关键词，搜索到 6571 项结果，其中：期刊论文 1516 篇、图书 74 部、报纸文章 1482 篇、学位论文 619 篇、会议论文 85 篇、报告 1097 份、法律法规 64 部等等；在“中国知网”，搜索到 5138 项结果，其中：期刊论文 2678 篇、图书 68 部、报纸文章 516 篇、学位论文 1568 篇、会议论文 70 篇等等。

我国开展反腐败合作起步晚、起点低，已有的国际合作模式并不

---

① 赖婧宜. 自由贸易协定中的反腐败条款研：以《全面与进步跨太平洋伙伴关系协定》为视角［D］. 北京：对外经济贸易大学，2020.

② 穆远征，吴建雄. 构建反腐败涉外法律法规体系［N］. 法治日报，2022-07-06.

③ 吴建雄，门甜. 完善我国反腐败涉外法规的思考：基于中国知网反腐败涉外研究文献分析［J］. 新疆师范大学学报（哲学社会科学版），2023（2）：84-103.

完全适应开展反腐合作的实际需要，国内的相关立法也并不完善。因而，这一方面的研究也并不多见。

直到2003年《联合国反腐败公约》颁布，2005年我国批准该公约后，国内对于公约的研究、对于反腐败国际合作的研究一时成为热门、显学，研究成果井喷式涌现。但国内对此的研究主要集中在法律、刑事合作以及司法合作方面。党的十八大以来，我国已经意识到加强反腐败国际合作的极端重要性，国内学界以及治理腐败的机构已经逐渐加大了对反腐败国际合作问题的研究力度。其中，陈雷的《反腐败国际合作理论与实务》、李翔的《国际反腐败公约与国内法协调问题研究》、黄风和赵林娜的《境外追逃追赃与国际司法合作》等是国内关于反腐败国际合作的重要研究文献，但均是侧重于以《联合国反腐败公约》为框架和法律依据的实务、法律接轨等问题的研究，并没有对双边或多边合作进行更深入的分析。从时间来看，国际反腐败合作形成以及中国参与反腐败国际合作的时间都较晚；从现实层面来看，反腐败国际合作因为难以协调各国法律，各个国家的政治、经济发展不均衡，都有自己的文化特色，而且腐败本身又具有极高的政治敏感性；从实际操作来看，我国在实施合作反腐时又有着许多现实因素的制约，因此国内关于反腐败合作问题的研究相对滞后。

**6. 关于中国—东盟国家间反腐败国际合作的研究**

在“超星法学”数据库，以“《联合国反腐败公约》”为关键词，搜索到73项结果，其中：期刊论文3篇、报纸文章2篇、报告38份等等；在“中国知网”，搜索到176项结果，其中：期刊论文66篇、图书6部、报纸文章10篇、学位论文88篇、会议论文1篇等等。

黎宜春在《中国—东盟自由贸易区背景下洗钱犯罪风险分析》《关于制定中国—东盟区域性反洗钱法律文件的思考》两文中提到，中国—东盟自由贸易区通过各种优惠政策吸收投资、促进贸易的同时，由于未明确反洗钱的标准和指令、一味追逐经济利益、各国放松部门监管以及各国反洗钱标准不一等原因，导致中国—东盟自由贸易区在反洗钱机制上存在漏洞而被不法分子所利用进行洗钱犯罪活动。黎宜春认为，各国应当加强反洗钱合作意识，制定区域性的反洗钱法律文件来对跨国洗钱犯罪活动进行打击。

谭志江在《中国—东盟洗钱犯罪比较研究》中认为，可以通过建立次区域的统一逮捕令制度、中国—东盟刑事区域执法合作机构，强化人员培训和技术合作，以及健全和完善信息情报交换机制这四种方式来打击洗钱犯罪活动。

邓崇专在《中越反腐败刑事司法协助与合作存在的问题及其改善——以〈北京反腐败宣言〉为视角》中认为，中越两国的刑事协助范围过小、国内法和国际法的衔接不到位，以及国内反腐败立法体系有缺陷导致无法满足两国开展反腐败刑事司法协助的现实需要。

从目前国内研究的文献来看，大多数学者是针对中国与东盟各国之间的洗钱犯罪活动进行研究，对中国与东盟国家的刑事司法协助进行研究的较少，然而，国际反腐败合作并不只有反洗钱与刑事司法协助，国内学者从全局视角对中国—东盟的反腐败工作进行统一规划的研究几乎没有。在中国—东盟反腐败合作越发频繁、反腐败经验交流越发积极的时代背景下，对中国—东盟反腐败统一规则的构建进行研究十分必要。

**7. 关于“一带一路”廉洁建设与反腐败立法研究**

截至2023年4月21日，在“超星发现”以“一带一路建设”为关键词，可以检索到201496项结果，其中，期刊文章62870篇、图书2528部、报纸文章20857篇、学位论文3176篇等等。自2014年以来“一带一路建设”研究发文量迅速上升，2014年发表文章1752篇，到2019年，年发表文章达3万多篇。文献比较庞杂，以宏观性、战略性和一般性文献为主，深入研究的高水平学术文献少，还不能很好地支撑“一带一路”建设。

在“超星发现”以“一带一路建设 廉洁”为关键词，可以检索到2609项结果，其中期刊文章105篇、图书1部①、报纸文章17篇、学位论文9篇等等。可见，“一带一路”建设中的廉洁问题研究方兴未艾。自2014年以来“一带一路建设 廉洁”研究发文量迅速上升，由2014年的5篇飙升到2017年的236篇，2018年238篇，2019年944篇，2020年639篇。同样，深入研究的高水平学术文献不多，难以支撑“一带一路”建设中的廉洁问题研究。

试就上述不多的研究文献作一个简要的综述。

十年来，关于“一带一路”建设的总体研究情况包含：“一带一路”的背景与原则、内涵、战略意义与理论内涵，“一带一路”建设的必要性、合作重点、合作机制、风险障碍、保障措施，“一带一路”与对外投资、贸易合作、人文合作、资源与环境等，“一带一路”设施互联互通与“中欧班列”等方面。已有不少专家学者进行了梳理与分析，无论是关于国内研究动态，② 还是国内对于国外的研

---

① 《聚焦两会热点》编写组. 2017聚焦两会热点［M］. 北京：中国言实出版社，2017.

② 这一方面代表性文献主要有：

姜岩，史航，郭连成. “一带一路”研究热点及演进趋势的文献计量研究［J］. 供应链管理，2023（1）：80-96.

邱鹄，王华. 我国“一带一路”研究述评：基于科学知识图谱的文献计量分析［J］. 北京交通大学学报（社会科学版），2020（1）：51-63.

李向阳. “一带一路”的研究现状评估［J］. 经济学动态，2019（12）：27-37.

白永秀，何昊，宁启. 五年来“一带一路”研究的进展、问题与展望［J］. 西北大学学报（哲学社会科学版），2019（1）：149-162.

王连喜，蒋盛益，李霞，等. “一带一路”：研究热点与新兴主题发展分析［J］. 情报杂志，2019（2）：71-77.

刘光阳，邓大松，梁小江. 国内“一带一路”研究综述：基于定量和图谱分析［J］. 云南社会科学，2017（1）：11-18.

究动态,[①] 都比较翔实，不一一展开。

近年来，与“一带一路”廉洁建设相关的著作与论文主要聚焦在如下方面：

一是关于“一带一路”廉洁建设研究，刘翔峰、苑生龙（2019）指出：“一带一路”倡议启动以来，逐渐带动沿线各国的经济和社会发展。但持续上升的对外投资也不可避免存在各种风险和问题。通过对“一带一路”沿线主要国家的腐败指数和中国对这些国家的直接投资进行计量分析，“一带一路”投资中的商业腐败风险正在上升。因此，中国应加强对外投资反腐败的立法和执法，构建“一带一路”反腐败指数体系和反腐败合作机制，对腐败进行源头治理，共同推动可持续发展的“一带一路”廉洁之路建设。[②]

二是关于在“一带一路”建设中深化反腐败国际合作的问题，

① 这一方面代表性文献主要有：

杨敏敏，Gretchen McAllister. 国际学界“一带一路”研究的热词与最前沿：基于 Web of Science（2014—2018）的文本计量与细读［J］. 西南民族大学学报（人文社会科学版），2020（5）：234-240.

姚立兴，成龙. 海外“一带一路”研究的发展动向探析［J］. 当代世界与社会主义，2020（4）：193-200.

姚立兴. 十八大以来海外学界对“一带一路”的研究述评［J］. 社会主义研究，2020（3）：165-172.

刘勇，姜彦杨. 海外“一带一路”研究述评［J］. 江苏大学学报（社会科学版），2019（3）：1-6，13.

宋婧琳，张华波. 动机·行为·影响：国外学界“一带一路”研究综述［J］. 社会主义研究，2018（2）：152-163.

② 刘翔峰，苑生龙. “一带一路”建设中的廉洁问题［J］. 东亚评论，2019（1）：163-186.

主要有一部著作①和多篇论文②。如：李晓欧著《“一带一路”倡议视角下反腐败国际合作制度研究》探讨的是腐败分子外逃情形下，如何完善追逃、追赃、追诉的全方位国际合作反腐败制度。通过比较新加坡、澳大利亚、新西兰、美国等国反腐败措施，提出对我国跨境反腐的建议与借鉴。徐玉生、陆奕君在《反腐败国际合作的中国经验及理路》中指出：广泛开展反腐败国际合作，阻断反腐败压力的漏出通道，消解腐败溢出效应，是世界各国面临的共同任务。十八大以来，中国为全球腐败治理作出了积极的贡献，为腐败治理国际合作提供了中国方案，并实现在反腐败国际合作中从“跟跑”到“领跑”的转变，逐步取得了合作的主导地位。以习近平提出的“人类命运共同体”理论为指导，共商、共建、共享新型国家合作关系，构建反腐败的全球合作关系网络，齐商共治腐败这一“政治之癌”，将为我国夺取反腐败斗争压倒性胜利提供外部保障。

① 李晓欧. “一带一路”倡议视角下反腐败国际合作制度研究［M］. 南昌：百花洲文艺出版社，2018.

② 这一方面代表性文献主要有：

中央纪委国家监委国际合作局. 把握反腐败国际合作的时和势［N］. 中国纪检监察报，2020-04-16（6）.

王一冰. “一带一路”背景下反腐败的国际预控合作机制［J］. 天水行政学院学报，2020（1）：100-106.

李冰清. “一带一路”语境下反腐败国际合作法律制度研究［D］. 北京：外交学院，2020.

王禹. “一带一路”倡议下的反腐败刑事司法合作［J］. 法制博览，2018（20）：169.

徐玉生，陆奕君. 反腐败国际合作的中国经验及理路［J］. 青海社会科学，2018（4）：81-88.

张丽华，王博文. 全球化背景下反腐败国际合作分析［J］. 学习与探索，2018（4）：57-63.

吕静. “一带一路”倡议下的反腐败刑事司法合作［J］. 天水行政学院学报，2018（2）：119-123.

冈田实，袁静. 中国反腐败国际合作的新扩展：作为“廉洁之路”的“一带一路”［J］. 国外社会科学，2017（6）：150-152.

三是关于在“一带一路”建设中如何防控腐败风险研究，[①] 弓联兵、王晓青、戚成增在《“一带一路”沿线国家腐败风险及应对》中指出：腐败是世界性难题，普遍存在的腐败风险为“一带一路”倡议的顺利实施和我国企业与公民合法权益带来潜在风险。针对沿线国家普遍存在的腐败风险，我国应当通过积极营造良好双边关系的政治路径、充分利用国际反腐协议的法律路径、提高企业腐败风险防控的管理能力等方式全方位应对腐败风险。

四是关于在“一带一路”建设中加强在投资、贸易、金融、政府采购等领域的反腐败研究，有一部专著[②]与多篇论文[③]。如：聂资鲁、刘汝鹏在《廉洁“一带一路”建设亟需推进政府采购领域反腐败立法》中所指出的：自 2013 年 9 月“一带一路”倡议提出并实施

---

① 这一方面代表性文献主要有：

弓联兵，王晓青，戚成增．“一带一路”沿线国家腐败风险及应对［J］．行政管理改革，2019（5）：74-80.

刘翔峰．借鉴国际经验，加强“一带一路”腐败风险治理［J］．全球化，2018（7）：41-49.

郭秉菊．“一带一路”框架下反腐败机制的重构［J］．前沿，2015（11）：63-67.

刘翔峰．“一带一路”建设投资的风险控制和腐败治理研究［M］．北京：经济管理出版社，2019.

② 刘翔峰．“一带一路”建设投资的风险控制和腐败治理研究［M］．北京：经济管理出版社，2019.

③ 这一方面代表性文献主要有：

宋俊荣．论腐败指控对国际投资仲裁的影响：基于“一带一路”沿线国家案例研究［J］．国际法研究，2022（3）：110-128.

王宇石．论国际投资仲裁中的腐败抗辩及其处理［J］．湘潭大学学报（哲学社会科学版），2020（2）：98-104.

吕彬彬．“一带一路”海外投资反腐制度建设［J］．中共青岛市委党校青岛行政学院学报，2019（4）：117-122.

奇飞云．中资企业参与“一带一路”海外投资的腐败问题研究［D］．北京：对外经济贸易大学，2019.

高松林．中国企业如何应对在“一带一路”国家投资建设的腐败风险［J］．现代经济信息，2018（4）：143.

陈梅．“一带一路”背景下境外投资腐败风险的法律防范［J］．理论月刊，2018（11）：106-111.

聂资鲁，刘汝鹏．廉洁“一带一路”建设亟需推进政府采购领域反腐败立法［J］．中国行政管理，2017（12）：31-35.

以来，赢得了国际社会广泛的回应。确保“一带一路”成为廉洁之路，是习近平同志代表中国政府向世界作出的庄严承诺。这样的承诺，展示了中国政府的反腐决心，彰显了中国政府的廉洁自信，更是表明中国政府的合作反腐的态度——在全球范围内倡导“廉洁”，以确保投资采购更稳健、营商环境更纯洁、经济发展更繁荣。“一带一路”廉洁建设首推廉洁政府采购建设。推进政府采购领域的反腐败立法刻不容缓。

五是关于在“一带一路”建设中企业反腐败研究，有多篇论文进行了精到的分析，① 其中，廖伟在《“一带一路”倡议下海外企业反腐面临的问题及其治理》一文中强调，海外企业反腐既面临机遇也面临挑战，认为海外企业反腐存在诸多的问题，需要通过整合国内的反腐资源、加强企业的内部监管、结合监察体制改革、加强与沿线国的司法协助等措施全方位地强化对海外企业腐败现象的惩处力度。

六是关于在“一带一路”建设中加强项目反腐败研究，② 邵明朝在《“一带一路”重大项目的腐败预防及治理对策》中认为：重大项目在“一带一路”建设中具有特殊重要的地位，有效控制项目规划

---

① 这一方面代表性文献主要有：

唐益亮. 海外国企腐败问题带来的挑战及其治理：基于将“一带一路”建成“廉洁之路”的构想 [J]. 上海市经济管理干部学院学报，2018，16 (5)：17-26.

廖伟. “一带一路”倡议下海外企业反腐面临的问题及其治理 [J]. 探索，2018 (4)：157-163.

姜涛. 让“一带一路”成为廉洁之路：中国企业参与“一带一路”建设的腐败风险防控 [J]. 中国高校社会科学，2018 (3)：103-110，159.

王兆忠，孙晨. “一带一路”倡议下我国涉外企业商业贿赂法律风险的识别与防控 [J]. 长江论坛，2019 (3)：76-81.

卢文超. “一带一路”企业海外投资腐败风险防控研究 [J]. 人民论坛·学术前沿，2017 (20)：66-69.

陈晓弦. “一带一路”企业海外投资腐败风险的法律防范研究 [D]. 重庆：西南政法大学，2021.

② 这一方面代表性文献主要有：

路倩雯. 一带一路建设项目廉洁风险评估与防控研究 [J]. 管理观察，2018 (32)：43-45.

邵明朝. “一带一路”重大项目的腐败预防及治理对策 [J]. 宏观经济管理，2017 (12)：37-40.

和建设实施中的风险、防范和惩治企业不廉洁行为及腐败问题，对稳步推进“一带一路”建设及全球治理体系的变革和完善，具有全局性的现实意义和深远的历史意义。为此，应科学分析、判断和把握“一带一路”建设面临的各种风险，加强政府和相关机构对重大项目所在国的腐败风险评估和指导，将廉洁建设纳入中资企业项目风险控制的重要因素中，加快境外投资领域反腐败立法，规范国内反腐败工作实践，建立境外投资中资企业廉洁信用评价制度，提高监管的针对性，严肃查处境外中资企业及人员的不廉洁行为和腐败问题。同时，推动“一带一路”沿线国家树立反腐败共同价值观，严厉打击企业和人员跨国腐败行为，加强“一带一路”建设反腐败国际合作的统筹协调。

七是关于跨境企业廉洁合规制度研究，① 涉及企业廉洁合规的分类②、西方企业廉洁合规制度的起源与发展③、我国企业合规制度的形成与发展演进阶段的划分④、跨境企业廉洁合规的规约对象与制度

---

① 吴建雄，门甜. 完善我国反腐败涉外法规的思考：基于中国知网反腐败涉外研究文献分析［J］. 新疆师范大学学报（哲学社会科学版），2023（2）：84-103.

② “狭义的合规”（“小合规”），仅指“反腐败合规”；“广义的合规”（“大合规”），指除反商业贿赂外，还包含反洗钱、反垄断、数据保护、知识产权保护等在内的完整全面的合规管理体系。陈瑞华. 企业合规基本理论［M］. 北京：法律出版社，2020：8. 也有学者指出：企业廉洁合规即为整体合规范畴下的子分支内容。

③ 张卫彬. 跨国公司商业贿赂法律规制的实践模式及借鉴［J］. 法学，2014（9）：103-115. 陈瑞华. 法国《萨宾第二法案》与刑事合规问题［J］. 中国律师，2019（5）：81-83.

④ 吴建雄，门甜. 完善我国反腐败涉外法规的思考：基于中国知网反腐败涉外研究文献分析［J］. 新疆师范大学学报（哲学社会科学版），2023（2）：84-103.

构建①、跨境企业廉洁合规主体责任与法律风险②等。

通过以上文献的分析我们可以发现，中国学者对国际投资腐败问题的研究集中于分析国际上具有代表性的反腐败法律文件，而以“一带一路”背景下企业投资腐败问题作为研究对象的文章较少，且不够系统。此外，中国学者普遍认为中国的海外反腐败立法存在诸多需要完善之处，但在中国海外反腐败立法的完善路径上，又倾向于选择构建较为宏观的制度框架，实践操作性不强。相比既有研究，本书重点研究“一带一路”廉洁建设的规则制定问题与法律保障问题，将立足当下实际，提出更具有操作性的应对策略。

### （二）国外研究文献综述

就笔者有限的研究视野来看，③ 国外学者对本研究涉及不多，语焉不详，即便是相关性研究也不多见。故此，本部分国外研究文献综述，主要集中在“一带一路”廉洁建设与反腐败立法研究的综述。

2013 年“一带一路”倡议的提出，引起了国外学界的极大兴趣。

① 这一方面代表性文献主要有：

汪承昊，廖文辉. 企业如何做好反商业贿赂合规［J］. 法人，2022（5）：50-52.

杨宇冠. 企业合规案件不起诉比较研究：以腐败案件为视角［J］. 法学杂志，2021（1）：26-41.

王文华，魏祎远. 互联网平台企业反腐败、反洗钱合规机制构建初探：以 G20 为视角［J］. 中国应用法学，2022（1）：167-181.

陈瑞华. 论企业合规在行政监管机制中的地位［J］. 社会科学文摘，2022（2）：72-74.

② 这一方面代表性文献主要有：

奚玮. 论企业合规刑事化试点中的检察监督［J］. 政法论丛，2022（1）：116-126.

陈萍. “预惩协同型”腐败治理机制之建构：基于法国〈萨潘二号法〉的比较视角［J］. 浙江工商大学学报，2021（4）：59-71.

万方. 反腐败合规法律实践的规范演进与实践展开：以美国《反海外腐败法》为切入［J］. 法治研究，2021（4）：96-109.

尹云霞，李晓霞. 中国企业合规的动力及实现路径［J］. 中国法律评论，2020（3）：159-166.

③ 笔者研究的国外文献主要来自广西大学图书馆购买的外文数据库，如 Heinonline，JSTOR，EBSCO 等数据库，部分来自国外高校开放的电子图书馆及互联网上的免费资料。

陆续出版了关于“一带一路”研究的相关专著，据不完全统计，美国哈佛大学、美国约翰·霍普金斯大学、美国丹佛大学、美国西东大学、伦敦经济学院、新加坡国立大学、意大利博洛尼亚大学、新西兰奥克兰大学等高校，美国布鲁金斯学会、美国战略与国际研究中心、美国荣鼎咨询公司（Rhodium Group）、俄罗斯科学院、澳大利亚战略政策研究所、澳大利亚洛伊国际政策研究所、荷兰克林亨达尔国际关系研究所、印度南亚分析集团、印度观察研究基金会、印度国家海事基金会、印度新德里政策研究中心、巴基斯坦伊斯兰堡政策研究中心、土耳其国际战略研究机构、尼日利亚中国研究中心等机构的专家学者也纷纷撰写了与“一带一路”倡议相关的研究报告和学术文章，[①] 逐渐形成了国外学界的研究热潮。

① 刘勇，姜彦杨. 海外“一带一路”研究述评［J］. 江苏大学学报（社会科学版），2019，21（3）：1-6，13.

近年来，国外学者的研究主要是从“一带一路”倡议的动机、内涵、机遇与挑战、影响及对策等方面进行，集中在“一带一路”与地缘政治①、“一带一路”与经济合作②、“一带一路”与文化交

① 科恩. 地缘政治学：国际关系的地理学［M］. 上海：上海社会科学院出版社，2011.

Sidaway J D, Woon C Y. Chinese narratives on "One Belt, One Road" in geopolitical and imperial contexts [J]. The Professional Geographer, 2017, 69 (4): 591-603.

Christian P. One Belt, One Road-China's new grand strategy [J]. Journal of Chinese Economic and Business Studies, 2017, 15 (3): 289-305.

Smith P J. The tilting triangle: geopolitics of the China-India-Pakistan relationship [J]. Comparative Strategy, 2013, 32 (4): 313-330.

Rais R B. Geopolitics on the Pakistan-Afghanistan borderland: an overview of different historical phases [J]. Geopolitics, 2019, 24 (2): 284-307.

Hussain F, Hussain M. China-Pak economic corridor (CPEC) and its geopolitical paradigms [J]. International Journal of Social Sciences, Humanities and Education, 2017, 1 (2): 79-95.

② 吴文成. 美国著名智库对“一带一路”的认知分歧与美国对华多重身份定位［J］. 国际论坛，2018（4）：1-9.

Shah A R. How does China-Pakistan economic corridor show the limitations of China's "One Belt One Road" Model [J]. Asia & the Pacific Policy Studies, 2018, 5 (2): 378-385.

Yoshikawa S. China's Maritime Silk Road initiative and local government [J]. Journal of Contemporary East Asia Studies, 2016, 5 (2): 79-89.

Nalbantoglu C. One Belt One Road initiative: new route on China's change of course to growth [J]. Open Journal of Social Sciences, 2017, 5 (1): 87-99.

Cai K G. The One Belt One Road and the Asian infrastructure investment bank: Beijing's new strategy of geoeconomics and geopolitics [J]. Journal of Contemporary China, 2018, 27 (114): 831-847.

Chen H. China's "One Belt, One Road" initiative and its implications for Sino-African investment relations [J]. Transnational Corporations Review, 2016, 8 (3): 178-182.

Das K C. The making of One Belt, One Road and dilemmas in South Asia [J]. China report, 2017, 53 (2): 125-142.

Vines D. Chinese leadership of macroeconomic policymaking in a multipolar world [J]. China Economic Review, 2016, 40: 286-296.

流[①]和“一带一路”与中国外交[②]四个领域。

总体来说，海外学者已经对“一带一路”倡议进行了大量的深入研究，在一定程度上阐释了“一带一路”建设的前景价值、可行性以及存在的风险。虽有部分学者对“一带一路”建设还存在误读，但大部分学者持积极理性的态度，广泛支持和认同“一带一路”倡议。[③]

但客观地说，国外学界很少从“一带一路”的角度研究过企业反海外腐败问题、廉洁建设问题，对“一带一路”廉洁建设问题的研究甚至可以说是阙如。

另外，国外学者虽然对中国反海外腐败立法问题的研究较少，但都倾向于认为中国的反海外腐败现有立法不够完善。

上述文献表明，虽然目前国内的反腐败立法研究比较繁荣，对我国反腐败立法发展具有重要的推动和理论反思作用，但仍然存在不足：一是从研究方法而言，缺乏从国际视野和历史维度对反腐败立法

---

① 塞缪尔·亨廷顿. 文明的冲突［M］. 北京：新华出版社，2013.

Blanchard J M F, Flint C. The geopolitics of China's Maritime Silk Road initiative［J］. Geopolitics, 2017, 22 (2): 223-245.

Casarini N. When all roads lead to Beijing. Assessing China's New Silk Road and its implications for Europe［J］. The International Spectator, 2016, 51 (4): 95-108.

Yu H. Motivation behind China's "One Belt, One Road" initiatives and establishment of the Asian infrastructure investment bank［J］. Journal of Contemporary China, 2017, 26 (105): 353-368.

Yii K J, Bee K Y, Cheam W Y, et al. Is transportation infrastructure important to the One Belt One Road (OBOR) Initiative? Empirical evidence from the selected Asian countries［J］. Sustainability, 2018, 10 (11): 4131.

② 王灵桂. 全球战略观察报告：国外智库看“一带一路”Ⅱ［M］. 北京：中国社会科学出版社，2016.

Zeng J. Does Europe matter? The role of Europe in Chinese narratives of "One Belt One Road" and "new type of great power relations"［J］. Journal of Common Market Studies, 2017, 55 (5): 1162-1176.

Kaczmarski M. Two ways of influence-building: the Eurasian economic union and the One Belt, One Road initiative［J］. Europe-Asia Studies, 2017, 69 (7): 1027-1046.

Aoyama R. "One Belt, One Road": China's new global strategy［J］. Journal of Contemporary East Asia Studies, 2016, 5 (2): 3-22.

③ 刘勇，姜彦杨. 海外“一带一路”研究述评［J］. 江苏大学学报（社会科学版），2019, 21 (3): 1-6, 13.

进行纵横比较研究，无法完整展现反腐败立法的国际全景图，无法提供反腐败立法的动态变化轨迹；二是从研究内容而言，尤其缺少对中国推进国际反腐败立法的研究，目前的研究难以给我们推进“一带一路”廉洁建设、推进国际反腐败合作与立法提供充分的法治保障。这是值得我们注意的。

## 三、研究内容及创新点

### （一）相对于已有研究的独到学术价值和应用价值

#### 1. 学术价值

第一，原创性地研究“一带一路”建设中的廉洁规则体系、研究“一带一路”廉洁规则体系构建的具体内涵、总体规划、时间表与路线图；运用比较的方法对“一带一路”沿线国家的反腐败立法实践做全面的梳理和评估，提供一幅“一带一路”沿线国家范围内廉洁建设的统一规则制定、执法与司法的全景图。

第二，创新性地设计出“一带一路”廉洁建设公约草案及实施细则。

第三，从国际反腐败规则、各国反腐败合作立法及其具体实践中总结推进“一带一路”反腐败合作规则的规律和策略。

第四，丰富“一带一路”廉洁规则研究的多学科交叉研究，推动法学和政治学、管理学、金融学等相关学科之间的深度对话。

#### 2. 应用价值

一是推进“一带一路”廉洁建设公约的制定，有助于推动“一带一路”沿线国家廉洁建设工作的统一、合作与接轨。

二是提出“一带一路”廉洁建设各项具体统一规则的草案，如：“一带一路”沿线国家投资领域反腐败统一规则草案，“一带一路”

沿线国家贸易领域反腐败统一规则草案，“一带一路”沿线国家政府采购领域反腐败统一规则草案，“一带一路”沿线国家金融监管领域反腐败统一规则草案，“一带一路”沿线国家企业廉洁合规统一规则草案，“一带一路”沿线国家反涉腐洗钱统一规则草案，“一带一路”沿线国家反腐败执法、司法合作统一规则草案。这些对“一带一路”沿线国家开展廉洁立法具有推进作用。

三是更好地规范与指导“一带一路”沿线国家廉洁建设工作，具有直接指导立法、执法与司法的实践意义。

**3. 相对于国家社科基金已立同类项目的新进展**

国家社科基金已立同类项目的研究，大多聚焦在“一带一路”与中国对外开放战略，“一带一路”与治理，“一带一路”与外交，“一带一路”与民心相通，“一带一路”与传播，“一带一路”与边疆稳定和发展、丝路文化中外互通问题，“一带一路”与营商环境，“一带一路”与投资、贸易风险防控问题，“一带一路”数据库建设等方面，很少涉及廉洁丝绸之路及其法治保障问题。而廉洁丝绸之路及其法治保障这个问题却是当下服务党和国家重大战略需求不容回避、刻不容缓的前沿问题、重大问题。

## （二）在学术思想、学术观点、研究方法等方面的特色和创新

**1. 在学术思想、理论观点等方面的创新之处**

一是建构起“一带一路”廉洁建设的理论体系。

二是构建“一带一路”廉洁建设制定原则、标准体系。

三是提出构建“一带一路”廉洁建设研究的分析框架和研究范式的理论观点。本研究成果从腐败的生成机理、反腐败的核心要素、反腐败立法的正当性和合法性等几方面入手，系统搭建“一带一路”廉洁建设研究的分析框架。

四是以《联合国反腐败公约》等国际公约体系为依据，以《廉

洁丝绸之路北京倡议》为蓝本，借鉴中国与一些代表性国家的反腐败法律文本与立法经验，立足“一带一路”沿线国家、地区，落脚于廉洁规则制定的探索，提出“一带一路”廉洁建设公约制定的整体构想。

五是本研究完全从“一带一路”沿线国家、地区的实际情况出发，从推进“一带一路”廉洁建设规则制定的现实需要出发，内容涉及迄今尚未有人研究的立法问题，可更好地为全球反腐败国际规则体系与反腐败合作体系的完善服务。

**2. 研究方法等方面的创新之处**

第一，通过比较研究、实证研究，确定推进“一带一路”廉洁规则制定的战略、途径与方法的科学内容。

第二，运用历史研究的方法，把“一带一路”廉洁规则制定放在历史演进中，逐一进行动态把握；从“一带一路”沿线国家、地区反腐败立法的具体实践中总结规律性的认识和策略，这将为推进“一带一路”廉洁规则的制定提供积极的理论支持与现实指导作用。

第三，系统搜集和研究“一带一路”沿线各国、地区的反腐败立法，从中探寻廉洁规则制定的规律。课题组成员与域外反腐败执法机构、学者、科研院所有着密切的学术联系，便于获取相关信息和资料。

第四，运用文本研究方法，系统解读“一带一路”沿线国家、地区反腐败法，编制“一带一路”廉洁建设公约概览，并研究其相关案例，为“一带一路”廉洁规则的制定与实施提供理论与技术支持。

**3. 研究的重点与难点**

（1）重点。

一是构建“一带一路”廉洁建设的基本原则与标准体系。借鉴域外的法典化模式、方法、法典结构等理论与实践，综合运用多学科知识，构建一套鲜明而独特的反腐败法律法典化标准体系。

二是构建“一带一路”廉洁建设若干制度体系。

三是引领与拟定“一带一路”廉洁建设公约草案。

四是推进“一带一路”廉洁规则制定之战略、途径、方法。依托上述原则、标准与制度体系及“一带一路”廉洁建设公约等四部草案，以《联合国反腐败公约》为基准，将反腐败法律法典化的中国实践与世界范围的经验教训、发展趋势紧密结合，构建一套行之有效地推进“一带一路”廉洁建设公约等四部公约的战略、路径、方法，为“一带一路”廉洁建设贡献中国的“公共产品”。

（2）难点。

一是关于推进“一带一路”廉洁规则制定的路径和方法、“一带一路”廉洁建设公约的制定模式和结构等，有不同的理论与学说，不同国家也有不同的实践。怎么选择与借鉴，值得反复思考。

二是编纂“一带一路”廉洁建设公约时是否要对各项制度涉及的反腐败规范进行体系化以及如何体系化。目前，各项单行制度间的矛盾、冲突不少，如何把这些不统一的东西纳入到公约里去？

三是如何对待司法解释。司法解释是极富中国特色的“法官造法”，它在审判实践上更容易被法院援用，是否有必要清理司法解释，将其尽可能整合到廉洁建设公约之中？

**4. 主要目标**

（1）实践目标。

形成完备的“一带一路”廉洁公约体系及编纂“一带一路”廉洁建设公约等四部公约。

（2）理论目标。

一是构建鲜明而独特的“一带一路”廉洁建设的理论体系和标准体系，二是促成多学科在“一带一路”廉洁规则制定过程中深度对话，助益法学等各学科在相邻学科的滋养下更加繁荣、更有生命力。

# 第一章　大变局时代中国推进反腐败国际立法的可能与有为分析

## 一、中国推进反腐败国际立法何以可能

### （一）中国推进新兴国际规则制定的根本遵循

关于全球治理变革的问题，习近平主席曾强调指出："随着世界不断发展变化，随着人类面临的重大跨国性和全球性挑战日益增多，有必要对全球治理体制机制进行相应的调整改革。这种改革并不是推倒重来，也不是另起炉灶，而是创新完善。"① 这表明了中国政府和人民的态度与决心。

经过二战以来几十年的发展，发展中国家和欠发达国家发现，其自身利益并没有因为国际造法的发展而发生改变。问题出在主导国际格局和造法的西方发达国家，其并没有重视发展中国家和欠发达国家人民的发展要求与利益。几十年发展的结果是：发达国家更发达，发展中国家和欠发达国家依然贫困。实践证明："美国主导下的现行全球治理体系越来越不适应国际社会发展的需要。"② 对此，习

① 习近平接受《华尔街日报》采访时强调 坚持构建中美新型大国关系正确方向 促进亚太地区和世界和平稳定发展［N］. 人民日报，2015-09-23（1）.

② 张鷟. 百年未有之大变局下全球治理体系的变革与中国参与［J］. 社会主义研究，2022（6）：156-163.

近平主席指出："我们要坚定维护以联合国为核心的国际体系，坚定维护以国际法为基础的国际秩序，坚定维护以联合国宪章宗旨和原则为基础的国际法基本原则和国际关系基本准则。对不公正不合理、不符合国际格局演变大势的国际规则、国际机制，要提出改革方案，推动全球治理变革，推动构建人类命运共同体。"①

在全球治理遭遇百年未有之大变局的背景下，为了使全球治理与改革取得多赢的效果，作为最大的发展中国家——中国，责无旁贷地向世界贡献了中国方案——"人类命运共同体"理念与"一带一路"倡议。"一带一路"倡议不是要颠覆与重构二战以来的国际格局与国际规则，而只是增补几十年来发达国家对发展中国家、欠发达国家利益漠视的规则短板，带领发展中国家和欠发达国家走上多赢的发展之路。

"一带一路"建设所带来的对国际规则和国际法的新挑战，以及其对国际法和人类社会提出的新命题，已超越二战以来传统国际法发展的模式与轨迹。②

2014 年 10 月，中国共产党第十八届中央委员会第四次全体会议通过的《中共中央关于全面推进依法治国若干重大问题的决定》明确提出，要"增强我国在国际法律事务中的话语权和影响力"。③

习近平主席也强调指出："全球治理体系正处于调整变革的关键时期，我们要积极参与国际规则制定，做全球治理变革进程的参与者、推动者、引领者。"④ 习近平主席的精辟论述，为我们参与、引领、主导国际规则的制定指明了方向，提供了根本遵循。中国必须在国际合作与国际规则的制定中有所作为，必须扮演越来越重要的主导角色。

---

① 习近平 2020 年 11 月 16 日在中央全面依法治国工作会议上的讲话。

② 陈奕彤．海平面上升的国际法挑战与国家实践：以国际造法为视角［J］．亚太安全与海洋研究，2022（2）：50-67，3.

③ 《中共中央关于全面推进依法治国若干重大问题的决定》第七部分。

④ 习近平．加强党对全面依法治国的领导［J］．求是，2019（4）：4-11.

多年来，中国致力于构建共商共建共享的全球治理体系，践行多边主义，推动变革全球治理体系中不公正、不合理的安排，稳步推进全球治理多边机构改革并切实应对国际格局的变化，“主张各国不分大小、强弱共同参与国际事务，共同书写国际规则”，共同建设国际体系，共享全球化发展成果，特别是要增强新兴市场国家和发展中国家在全球治理体系中的代表性和发言权，最大限度地保障各国在全球治理体系中的“权利平等、机会平等、规则平等”，进而在增进共同利益中有效降低各国负外部性政策对全球治理体系变革的阻力，“使关于全球治理体系变革的主张转化为各方共识，形成一致行动”,① 从而实现各方的互利共赢。

“人类命运共同体”理念与“一带一路”倡议，因为符合广大发展中国家和欠发达国家的发展利益，迅速得到国际社会大多数国家的拥护，成为“联合国倡议”和“世界倡议”。

“一带一路”建设，硕果累累。据不完全统计，十年来，中国已经与150多个国家、30多个国际组织签署了合作文件，形成了3000多个合作项目。② “2013—2022年，我国与‘一带一路’沿线国家货物贸易额从1.04万亿美元增长到2.07万亿美元，双向投资累计超过2700亿美元。”③ 这，不仅使“一带一路”沿线国家看到了希望，而且奠定了中国“扛大旗”的国际地位，使得中国在国际造法中的作用越来越重要，也使中国推进国际规则的制定变得理所当然，成为国际社会的一种习惯。

可以说，“一带一路”倡议与建设的巨大成效，使得中国成功实现了由全球治理变革进程的参与者到推动者、引领者的角色变换。

---

① 张鷟. 百年未有之大变局下全球治理体系的变革与中国参与［J］. 社会主义研究，2022（6）：156-163.

② 赵莉，薄凡. 走和平发展道路的生动实践：共建“一带一路”为各国共同发展提供新机遇［N］. 人民日报，2023-06-07（9）.

③ 赵莉，薄凡. 走和平发展道路的生动实践：共建“一带一路”为各国共同发展提供新机遇［N］. 人民日报，2023-06-07（9）.

## （二）中国反腐实践起到良好示范作用

共建“一带一路”倡议提出十年来取得了斐然成绩，而这些成绩的取得，离不开廉洁与法治的强有力的保驾护航。

2017年9月，中央纪委监察部与世界银行共同举办了加强国际合作共建廉洁之路研讨会。会上，时任世界银行副行长杜波依斯说：“‘一带一路’沿线国家拥有44亿人口，建设潜力巨大。世行支持习近平主席提出的倡议，将在打击商业欺诈和贿赂、促进企业合规经营等方面同各方分享经验。”中国反腐败工作取得的显著成效，为其他国家起到良好示范作用，为共建廉洁之路提供了政治保障，为全球反腐败治理作出了重大贡献。与会专家围绕政府如何营造廉洁营商环境、企业如何合规经营、“一带一路”倡议参与方如何加强反腐败国际合作等议题进行交流研讨。这是中国与世行首次在廉洁建设和反腐败合作领域举办高级别研讨活动。①

2017年12月20日，中老铁路“廉洁之路”建设启动仪式在云南举行。中老两国参建企业代表签订廉洁承诺书，参建员工在现场进行集体宣誓，郑重承诺共同遵守廉洁准则，打造“一带一路”廉洁建设示范工程。② 中老铁路廉洁建设还将写入两国反腐败合作备忘录。

中国坚持共商共建共享，以成功追逃追赃实践推进反腐败国际合作。中国认真履行《联合国反腐败公约》，以零容忍态度惩治腐败，大力开展“打虎”“拍蝇”“猎狐”行动，对外逃腐败分子一追到底，积极协助有关国家开展国际追逃追赃工作，在国际上树立了反腐败榜样。在中国积极倡导下，“一些重要国际性和区域性会议均把

① 瞿芃. 让廉洁成为“一带一路”的鲜明底色［N］. 中国纪检监察报，2018-07-05.

② 中老铁路“廉洁之路”建设在云南启动［EB/OL］.（2017-12-20）. https://www.ccdi.gov.cn/idhd/wbld/201712/t20171220_156857.html.

追逃追赃纳入讨论议题”。[①]

中国强化打击跨国腐败的政治共识，推动构建高效务实的反腐败执法合作机制，赢得国际社会广泛支持。

### （三）历史的选择与现实的催逼，中国必须发挥国际反腐败造法推进者的作用

有学者提出：“新时代以来，中国更加积极地参与全球治理，从国际秩序的跟随者转变为建构者，从反腐败国际治理的一般性参与者转变为有力推动者和积极引领者。”[②]

当下，中国正在以前所未有的积极态度推动全球治理体系的变革，国际影响力、感召力、塑造力也与日俱增。中国充分运用和努力维护联合国等现有的国际机制，积极推动世界贸易组织和国际货币基金组织等国际机制的改革，还倡导和创设了更加符合时代潮流的全球治理新理念、新机制，如：呼吁构建人类命运共同体、实施共建“一带一路”倡议和发起创办亚洲基础设施投资银行。

我国实现从国际规则的接受者和参与者，向新理念和新规则制定的贡献者和推进者的身份转变，一方面，是因为中国积极主动参与国际合作，敢于担当，发挥大国的作用，国际社会尤其是广大新兴国家需要中国方案，需要中国的推进；另一方面，中国也是在国际造法进程中逐渐学会与不断提升对规则的主导能力，逐步确立起我国的推进者角色与地位。

以国际海洋法的造法为例，有学者说：“对国际海洋法规则的制定、修改与运用层面的介入，本质上取决于国家在国际造法进程中的

① 杨晓渡. 国家监察委员会关于开展反腐败国际追逃追赃工作情况的报告［R/OL］.（2020-08-10）. https：//www. ccdi. gov. cn/toutiao/202008/t20200810_ 223555. html.

② 王冠. 新时代反腐败国际合作的策略、绩效与特点［J］. 岭南学刊，2023（1）：37-42，57.

参与度与影响力。若国家能在国际海洋法的形成与制定层面发挥主导作用，就可以在把握海洋规则的制定权与海洋秩序的主导权上占得先机，争取到更多的海洋权利与制度利益。”[①] 这一说法，不仅符合国际海洋法造法的情形，也符合国际反腐败规则制定的规律。

中国参与国际反腐败治理时间较晚，[②] 大约于1984年加入国际刑警组织，开启了抓捕外逃腐败疑犯的国际合作。从20世纪90年代起，随着对外开放的深入，腐败分子“内外勾结、携款潜逃增多”。[③] 在涉外腐败问题日益严重的情势下，加强反腐败国际合作被提上日程。2003年，中国批准加入《联合国打击跨国有组织犯罪公约》。2005年，中国批准加入了《联合国反腐败公约》，并成立了由24个机关和部门组成的部际协调小组，加强国内法和公约的衔接。

党的十八大以来，以习近平同志为核心的党中央高度重视反腐败国际合作，致力于推动构建更加公正合理的反腐败全球治理体系，深度参与、推进反腐败国际合作与规则制定。

2014年4月，中央反腐败协调小组国际追逃追赃工作办公室成立。11月，亚太经合组织领导人非正式会议通过《北京反腐败宣言》，成为首个以追逃追赃为合作重点的国际反腐败宣言，也是首个由我国主导制定的反腐败国际合作文件。[④] 以此为起点，中国开始更加积极推动在多边框架下加强反腐败国际合作，通过设置议题、达成共识、提出倡议、提供反腐败技术支持和方案等方式提升国际话语权和规则制定权。[⑤]

---

① 罗欢欣. 国家在国际造法进程中的角色与功能：以国际海洋法的形成与运作为例［J］. 法学研究，2018（4）：53-68.

② 国际社会进行反腐败国际合作的时间大致始于20世纪70年代，中国迟了10多年。

③ 最高人民检察院办公厅. 最高人民检察院工作报告集［M］. 北京：中国检察出版社，1999：165.

④ 王卓. 联合国大会首次举行反腐败问题特别会议 中国理念主张凝聚广泛共识［EB/OL］.（2021-06-07）. https：//www. ccdi. gov. cn/toutiao/202106/t20210607_ 243349. html.

⑤ 王冠. 新时代反腐败国际合作的策略、绩效与特点［J］. 岭南学刊，2023（1）：37-42，57.

2016 年，以二十国集团杭州峰会为契机，推动二十国集团领导人达成共识，通过了《G20 反腐败追逃追赃高级原则》和《2017—2018 年 G20 反腐败行动计划》，在华设立二十国集团反腐败追逃追赃研究中心，[①] 确立了“三零”原则，即“零容忍、零漏洞、零障碍”，举办了亚太经合组织反腐败执法合作网络培训班，提出了《腐败资产追缴国际合作十条倡议》。这些“高举高打”的举措使中国在反腐败国际合作问题上转为战略主动，牢牢地占据了道义制高点，成为引领反腐败国际治理的一面旗帜，[②] 也有效提升了中国的国际话语权和规则制定权。

2019 年，出台《廉洁丝绸之路北京倡议》，根据《联合国反腐败公约》精神，在求同存异的基础上依据现行国际规则和法律框架深化“一带一路”沿线的跨境反腐败治理，坚持以原则、机制和行动“三位一体”的组合拳方式构筑风清气正的“一带一路”治理新格局。[③]

2021 年 6 月，中方在联合国大会特别会议上再次重申了“三零”原则，敦促国际社会广泛凝聚共识，不做腐败分子和腐败资产的避风港。[④]

正是在这些反腐败国际合作与国际反腐败规则的制定中，中国逐步完成了从参与者向倡导者和推进者角色转变，与世界各国共同推进廉洁世界建设，推进世界文明不断进步。[⑤]

这一切，无不证明了这样一个事实：是历史与国际社会选择中国推进反腐败国际规则制定。

---

① 这是第一个面向 G20 成员国开展反腐败追逃追赃研究的机构，此机构的成立不仅为 G20 成员国开展相关追逃追赃领域的合作与交流提供了平台，而且将为 G20 国家境外追逃追赃工作的开展和反腐败国际合作规则的制定提供智力支持。

② 王冠. 新时代反腐败国际合作的策略、绩效与特点［J］. 岭南学刊，2023（1）：37-42，57.

③ 孙灿. 以国际视野推进廉洁丝绸之路建设［N］. 中国社会科学报，2019-08-01（1）.

④ 王卓. 联合国大会首次举行反腐败问题特别会议 中国理念主张凝聚广泛共识［EB/OL］.（2021-06-07）. https：//www. ccdi. gov. cn/toutiao/202106/t20210607_ 243349. html.

⑤ 张德友. 反腐败走出国门，护航“一带一路”建设［N］. 检察日报，2017-05-23.

# 二、中国推进反腐败国际立法何以有为

## （一）中国在大变局时代推进反腐败国际立法必须有为

中国作为“一带一路”倡议的发起国，积极推动沿线各国与国际反腐规则接轨是题中应有之义。一是要推动“一带一路”参与国形成和强化反腐败共识，明确“一带一路”重大项目所在国政府在防止和减少权力滥用、设租寻租以及反对商业贿赂等腐败问题方面的监管责任和义务；二是营造廉洁、透明、稳定的投资环境，切实保障重大项目投资各方的合法权益；三是有效开展反腐败犯罪调查、起诉、人员遣返、资产返还、反洗钱、追逃追赃等领域务实合作，明确各自的权利、责任和义务，共同打击腐败犯罪，将“一带一路”建成廉洁之路。①

同时，作为发展中国家，中国应为发展中国家代言，为修改既有的反腐败国际规则贡献建议。通过“一带一路”廉洁建设公约，“一带一路”反腐败公约，“一带一路”反洗钱公约，“一带一路”追逃追赃、防逃公约，以及中国—东盟区域反腐败统一规则的制定，推动反腐国际合作，从而更好地为全球经济治理铺路。

## （二）在反腐败领域的国际话语权和规则制定权不断增强的基础保障

### 1. 实践基础

我国在反腐败领域的国际话语权和规则制定权不断增强，是以

① 邵明朝．“一带一路”重大项目的腐败预防及治理对策［J］．宏观经济管理，2017（12）：37-40.

中国反腐败斗争的成功实践为坚实基础的。中国的反腐败成就和经验，为全球反腐败治理提供了新的视角和范式。

一是为其他国家反腐败提供中国经验。腐败是全球性顽疾。伴随着腐败全球化特征的出现，反腐败成为全球治理的重要内容，也是各个国家都十分关注的重要议题。世界上不同国家都依据自身的政治制度、文化传统和法律法规等方面形成了各不相同的反腐败做法，在这一过程中，中国也成功探索出具有自身特色的反腐败道路。党的十八大以来的成功实践充分证明了中国反腐败道路的正确性和有效性。深入总结反腐败的中国方案，向其他国家传递中国经验，充分展示中国共产党在反腐败方面的政治智慧，从而提高中国在反腐败对外合作中的话语权。① 正如习近平总书记所指出的："把中国实践总结好，就有更强能力为解决世界性问题提供思路和办法。这是由特殊性到普遍性的发展规律。"② 中国的反腐败经验与智慧对其他国家有很强的示范意义。在第七次《联合国反腐败公约》缔约国会议上，中国的国际反腐合作的相关理念被写入大会的最终决议，成为会议的一项重要成果。菲律宾《旗帜报》专栏作家罗德·卡普南说："国际社会将研究中国成功的反腐事业，因为腐败问题是人类社会面临的共同问题。"根据巴西瓦加斯基金会大学国际法教授埃万德罗·卡瓦略的说法，中国共产党不断反省和审视党内的腐败，为其他党派树立榜样。挪威常驻维也纳联合国机构大使本特·安格尔·汉森评价说，中国在国际反腐败合作上发挥的作用让人印象深刻，这对国际社会十分重要。③

二是通过具体措施，提升反腐败国际合作的中国话语权。如：习近平总书记亲自谋划、部署、推动，在重大多双边外交活动中就合作

① 过勇. 建设中国特色纪检监察学科 增强反腐败对外合作话语权［N］. 中国纪检监察报，2022-09-29（8）.

② 习近平谈治国理政：第二卷［M］. 北京：外文出版社，2017：340.

③ 人民网. 世界瞩目中共反腐新气象［EB/OL］.（2018-01-15）［2018-10-01］. http：//fanfu. people. com. cn/n1/2018/0115/c64371-29763901. html.

打击跨国腐败广泛凝聚国际共识，推进反腐败国际合作潮流。金砖国家领导人第十三次会晤、上海合作组织成员国元首理事会第二十一次会议、二十国集团领导人第十六次峰会、亚太经合组织第二十八次领导人非正式会议……在习近平总书记2021年参加的重要国际会议中，反腐败内容均被纳入会议宣言或公报，中国在全球反腐败领域的话语权和规则制定权不断得到拓展。① 又如：通过各种外交场合，让国际社会充分了解中国反腐败的经验和做法。2021年6月2日，“预防和打击腐败的挑战和举措，加强国际合作”联合国大会特别会议以线上线下混合方式召开。中方首次在特别联大这一最重要的多边场合，将加强反腐败国际合作作为构建人类命运共同体重要内容，系统阐述我国反腐败理念和国际合作主张，极大提升了我国在反腐败领域的国际影响力。时任中央政治局常委、中央纪委书记赵乐际指出：“腐败是人类的共同敌人，反腐败是各国的正义事业。让我们携起手来，秉持人类命运共同体理念，共建清正廉洁的地球家园！”②“坚持公平正义、惩恶扬善；坚持尊重差异、平等互鉴；坚持合作共赢、共商共建；坚持信守承诺、行动优先”——中方紧扣人类命运共同体理念，立足作为发展中国家的立场定位，针对当前全球反腐败治理领域的形势特点，提出加强反腐败国际合作“四项主张”，赢得各方广泛认可和积极响应。这四项主张既与我国外交政策中提倡的新型国际关系一脉相承，也是近年来我国在国际上提出的一系列反腐败国际合作理念和倡议的全面总结和深化发展，将成为我国未来一段时期凝聚国际共识、深化反腐败国际合作的重要遵循。③ 还通过举办非洲国家反腐败研修班、中国—东盟反腐败研讨班等方式，让更

① 李晓阳．“中国主张”推动反腐败国际合作迈上新征程［J］．中国纪检监察，2021（24）：32-33．

② 王卓．引领反腐败国际合作的中国实践［EB/OL］．［2021-12-09］．https：//www.ccdi.gov.cn/gzdtn/gjhz/202112/t20211209_157677.html．

③ 王卓．引领反腐败国际合作的中国实践［EB/OL］．［2021-12-09］．https：//www.ccdi.gov.cn/gzdtn/gjhz/202112/t20211209_157677.html．

多国家对我国的反腐败经验进行深入了解。同时，通过主办国际会议推进各个国家之间的反腐败学术交流。例如，2022 年 5 月，作为金砖国家反腐败工作组轮值主席，我国主办了金砖国家“反腐败促进经济发展”研讨会，进一步促成了金砖国家对全球反腐败治理的共识。通过增强企业廉洁合规意识，助力跨境企业提高市场竞争力。举办“一带一路”参与企业合规经营培训班、发布《企业境外经营合规管理指引》等，将廉洁合规作为中国企业跨境经营的重要议题。通过这些举措，中国企业健康发展的动力不断提升，参与国际竞争的能力显著加强。①

三是中国提出的一系列反腐败合作框架与建议，为进一步增强中国反腐败国际话语权营造良好国际氛围。党的十八大以来，以习近平同志为核心的党中央高度重视反腐败对外合作，多次在国际场合阐明中国反腐败对外合作的立场和主张，赢得了国际社会的广泛共识。习近平总书记指出，我们坚定不移反对腐败，使我们占据了国际道义制高点。各方面对我们敢于向腐败“亮剑”是佩服的，我们的反腐行动赢得了国际社会尊重。为推动全球和地区间的反腐败合作，中国先后提出《北京反腐败宣言》《二十国集团反腐败追逃追赃高级原则》《中国—东盟全面加强反腐败有效合作联合声明》《廉洁丝绸之路北京倡议》等一系列合作框架，积极推动建立全球反腐败执法合作网络，并且将廉洁理念融入各项对外合作中。这些举措让世界看到了中国反腐败的决心和行动，为反腐败对外合作研究提供了丰富素材，为进一步增强中国反腐败国际话语权营造了良好国际氛围。②

**2. 制度基础**

在面临的百年未有之挑战和机遇面前，发展中国家和发达国家站在了人类社会的同一起跑线上。人类命运共同体理念为人类社会

① 刘琳，宋伟. 引领反腐败国际合作的中国实践［J］. 人民论坛，2022（14）：58-60.

② 过勇. 建设中国特色纪检监察学科 增强反腐败对外合作话语权［N］. 中国纪检监察报，2022-09-29（8）.

应对新的挑战指明了方向，廉洁共同体理念则为人类社会在反腐败领域的新国际规则制定的范式和架构提供了指导思想。从国际造法的角度来看，唯有积极参与才能强化本国实践在正在形成的国际规则中的地位。①

多年来，中国坚定支持《联合国反腐败公约》在反腐败国际合作中发挥的主渠道作用，与联合国以及多个国家，在《联合国反腐败公约》和各自法律框架下，共建执法合作机制，共同打击跨国腐败犯罪，不断加强反腐败追逃追赃和廉洁丝绸之路建设等合作，构建更加紧密便捷的司法执法合作网络。同时，切实推进国际反腐败治理，形成了《北京反腐败宣言》《二十国集团反腐败追逃追赃高级原则》《腐败资产追缴国际合作十条倡议》《廉洁丝绸之路北京倡议》等一系列构建国际反腐败新秩序重要成果，努力与各方一道携手前行。在合作与前行中，中国逐步赢得国际社会的认同、尊重和信任，扛起了“一带一路”廉洁建设与反腐败合作的大旗。这些铸就了中国在“一带一路”廉政建设与反腐败合作中引领者的地位。

目前，中国推进反腐败国际合作潮流，为构建国际反腐败新秩序发挥着重要作用。

一般来说，一国想要或有能力促进国际反腐合作的前提，是其自身需具备相对完备的反腐败制度体系和丰富的反腐败立法经验。

党的十八大以来，中国一直在推进反腐败国家立法，已经形成了相对完备的反腐败法治体系，也积累起丰富的反腐败立法经验。通过“一带一路”一体化反腐合作，中国可以更好地与各国分享经验，推进规则制定与制度创新。

随着“一带一路”建设的全面展开，中国在国际社会的影响力与日俱增，中国可以为推进国际反腐败合作及反腐败国际立法作出更多、更大的贡献。

---

① 陈奕彤. 海平面上升的国际法挑战与国家实践：以国际造法为视角［J］. 亚太安全与海洋研究，2022（2）：50-67，3.

# 第二章　既存反腐败国际立法的梳理与评析

国际社会的反腐败合作大致始于20世纪70年代，其时，美国出台了《反海外腐败法》。为了使美国式的反腐模式在域外得到回应，美国向一些国家和国际组织发出倡议，建立起以美国式的反腐败为基准的反腐败国际合作。

进入20世纪90年代，随着跨境腐败现象愈演愈烈，反腐败国际合作进入发展时期。国际社会通过了一系列关于反腐败国际合作的公约、协议、协定，一些政府间和非政府间国际组织也积极参与反腐败国际规则的制定，为反腐败国际合作提供平台、提出建议。

本章主要对这些既有的反腐败公约、协议、协定的内容与结构进行研究，从中获得如何引领、设计与“一带一路”、中国—东盟有关的反腐败公约与制度的启示。

## 一、全球性反腐败公约、协议、协定制定的经验与启示

### （一）《反腐败的实际举措》

1990年，召开了第八届联合国预防犯罪和罪犯待遇大会，该次大会审查并通过了由联合国预防犯罪和刑事司法处制定的《反腐败的实际举措》（Practical Measures against Corruption），提出了预防腐

败犯罪的建议，主要内容如下：（1）通过立法的手段来预防与惩治腐败的犯罪行为；（2）建立官员财产申报、财产公开等相关制度；（3）设立专门的、独立的反腐败机构，权威性指挥反腐败工作的开展；（4）采取特殊手段和措施来调查、侦查和审判贪污贿赂案件；（5）完善公民举报制度；（6）没收官员在贪腐行为中的非法所得；（7）严处涉及腐败的企业。

联合国每年都对《反腐败的实际举措》的部分内容进行更新，以便给予各国在反腐败斗争中处理实际问题以最新参考。

## （二）《公职人员国际行为守则》

1996 年 12 月 12 日，在第 51 届联合国大会上通过了《公职人员国际行为守则》（International Code of Conduct for Public Officialis）。该守则共 6 章/11 条，包括总则、利益冲突和回避、资产公布、接受礼品或其他赠予、机密资料和政治活动等，具体地对公职人员的职责和作用作出了明细化的规定，严禁公职人员利用职务之便为本人或其亲戚、朋友谋取不正当的利益，禁止公职人员利用职权收受礼物，并要求公职人员对本人及其配偶的财产和债务进行公布。

## （三）《联合国反对国际商业交易中的贪污贿赂行为宣言》

1996 年 12 月 16 日，在第 51 届联合国大会上通过了《联合国反对国际商业交易中的贪污贿赂行为宣言》（United Nations Declaration against Corruption and Bribery in International Commercial Transactions）。该宣言共计 12 条，对国际交易中的跨国贿赂行为的概念进行了明确界定，具体要求各国取缔国际商业交易中一切形式的贪污、贿赂及其他违法行为，同时促请各国将在国际商业交易中贿赂外国官员的行为确立为刑事犯罪行为并进行有效惩治。该宣言还要求各国制定会计标准和惯例，制定商业守则、司法互助和银行保密规定等条款，对跨国腐败行为的调查提供尽可能的协助。

## （四）《联合国打击跨国有组织犯罪公约》

为促进预防和惩治跨国有组织犯罪，2000 年 11 月 15 日在第 55 届联合国大会上通过了《联合国打击跨国有组织犯罪公约》（United Nations Convention against Trounsnational Organized Crime），并于 2003 年 9 月 29 日生效。该公约共 41 条，对术语界定、适用范围、腐败行为的刑事定罪、打击洗钱活动的措施、反腐败措施、程序性事宜、国际合作等方面作了具体规定。公约第 8 条要求各国采取必要的立法及其他措施，将下列腐败行为定为刑事犯罪：一是以公职人员在执行公务时作为或不作为为条件，直接或间接许诺给予或给予公职人员及其他人员本不应有的好处；二是以公职人员在执行公务时作为或不作为为条件，以直接或间接索取或接受其本人及其他人员本不应有的好处。[①] 公约还确定了贿赂公职人员应承担的法律责任；要求缔约国应采取必要措施，在适当情况下适用特殊侦查手段。

## （五）《联合国反腐败公约》

### 1. 《联合国反腐败公约》的主要内容

2003 年 10 月 31 日，第 58 届联合国大会通过了《联合国反腐败公约》（United Nations Convention against Corruption，简称《反腐败公约》，UNCAC）。2005 年 12 月 14 日，《反腐败公约》生效。截至

---

① 《联合国打击跨国有组织犯罪公约》第 8 条。

2020 年 2 月 28 日，《反腐败公约》共有 187 个缔约方。[①] 不过，最新的信息表明，缔约国已达到 189 个。[②] 这表明，国际社会已广泛达成了法治反腐的共识。

作为反腐败领域最具权威性和影响力的全球性法律文书，《反腐败公约》包括序言和正文，正文共 8 章 71 条，分为预防措施、定罪和执法、国际合作、资产追回以及技术援助和信息交流五部分。

从源头上减少腐败，是《反腐败公约》的高明之处。第二章规定了针对公共部门和私营部门的预防措施，要求缔约国“建立反腐败机构、建立适当的采购制度、加强审判和检察机关的公正廉洁、采取措施防止私营部门腐败、促进民间社会的积极参与以及建立对银行和其他非银行金融机构的监管制度以防止洗钱”[③]。

第三章规定了定罪，《反腐败公约》主要适用于五种类型的腐败犯罪：交易型、侵占型、渎职型、资产来源不明型和关联型。它们具体表现为贿赂本国公职人员、贿赂外国公职人员或者国际公共组织官员、公职人员贪污挪用或者以其他类似方式侵犯财产、影响交易、滥用职权、资产非法增加、私营部门内的贿赂和侵吞财产、对犯罪所得的洗钱、窝赃，以及妨害司法。[④]

第四章是关于国际合作的规定。将需要合作的案件分为刑事案件、民事案件和行政案件，在刑事案件中合作是强制性的，但在民事和行政案件中合作则是可以酌情考虑的。[⑤]《反腐败公约》规定的合

① UN Treaty Collection. United Nations Convention against Corruption [DB/OL]. (2003-10-31) [2023-04-28]. https://treaties.un.org/Pages/ViewDetails.aspx? src=TREATY&mtdsg_no=XVIII-14&chapter=18&clang=_en.

② “据美国国务院消息，美国将于 2023 年 12 月 11 日至 15 日在佐治亚州亚特兰大市主办《联合国反腐败公约》第十届缔约国会议。这次会议将召集《联合国反腐败公约》的 189 个缔约国以及来自世界各地的各种民间社会利益相关者，重点讨论如何推进反腐败义务和政策优先事项。”张颖哲. 美国将主办《联合国反腐败公约》第十届缔约国会议 [EB/OL]. (2023-01-11). https://m.gmw.cn/baijia/2023-01/11/1303250824.html.

③ 《联合国反腐败公约》第 6—14 条。

④ 参见《联合国反腐败公约》第 15—25 条。

⑤ 参见《联合国反腐败公约》第 43 条第 1 款。

作领域涵盖打击腐败的各个环节：引渡、被判刑人员的移管、司法协助、刑事诉讼的移交、执法合作、联合侦查，以及特殊侦查手段。[①]《反腐败公约》主要通过与腐败犯罪特点相适应的引渡制度来加强反腐败国际合作。[②]

第五章是关于资产追回的规定。这是反腐败国际合作领域的重大突破。缔约国就资产追回达成了共识，将返还财产作为《反腐败公约》的基本原则。有观点认为：第五章是大量发展中国家批准公约的原因。[③]

第六章是关于技术援助和信息交流的规定。主要包括对反腐败工作人员的培训，腐败数据信息的收集、交流和共享，向发展中国家提供技术和信息方面的国际援助等。

**2. 联合国《反腐败公约》的实施监督机制**

第七章规定设立缔约国会议，每两年举行一次，负责推动缔约国实施《反腐败公约》，审查监督它们的履约情况，促进《反腐败公约》目标的实现。2009 年 11 月举行的《反腐败公约》第三次缔约国会议，通过了 3/1 号决议，决定建立一个分阶段的同行审议机制。[④]

**3. 《联合国反腐败公约》的启示**

《反腐败公约》是第一部国际反腐败法律文件，是反腐败国际合作的全球标准。自生效至今，公约在实施过程中既有值得肯定之处，又有较为明显的短板。“一带一路”沿线 65 国大多都批准了该公约。所以，“一带一路”反腐败立法首先应考虑如何将《反腐败公约》整体纳入，同时，针对“一带一路”沿线腐败行为的特征作出相应调

---

① 参见《联合国反腐败公约》第 44—50 条。

② 参见《联合国反腐败公约》第 44 条第 7 款。

③ U4 Anti-Corruption Resource Centre. UNCAC in a Nutshell-A Quick Guide to the United Nations Convention against Corruption for Embassy and Donor Agency Staff [DB/OL]. (2010-09-06) [2020-03-18]. https: //www. cmi. no/publications/file/3769-uncac-in-a-nutshell. pdf.

④ 联合国毒品和犯罪问题办公室.《联合国反腐败公约》实施情况审议机制：基本文件 [R]. 2011.

整和创新。①

当然，《反腐败公约》也存在一些不足。如：有些条款用语过于模糊。虽然一定程度的模糊可以保持《反腐败公约》适用的灵活性，但是在重要条款中过度使用模糊性语言将破坏《反腐败公约》的基本目标——打击腐败。② 又如：《反腐败公约》关于国际合作的规定看似全面，但是缺乏有效性。因为反腐败追赃方面仅有国家机关的合作是不够的，银行等金融机构、大型企业等私营部门的参与也十分重要。然而，《反腐败公约》仅仅是鼓励这些机构与国家机关合作。③ "一带一路"反腐败立法必须改进这些不足。

## 二、区域性反腐败立法的梳理、经验与启示

既存的区域性反腐败公约、协议、协定虽然适用范围有限，但"一带一路"倡议"以亚欧大陆为重点向所有志同道合的朋友开放，不排除、也不针对任何一方"④，所以，我们在推进"一带一路"反腐败立法时有必要对这些区域性反腐败公约、协议、协定进行梳理与研究，从中找到可借鉴之处。

### （一）欧洲反腐败一体化立法的启示

欧洲反腐败国际合作法律制度由欧盟法律文件和欧洲理事会法

① 李冰清."一带一路"语境下反腐败国际合作法律制度研究［D］. 北京：外交学院，2020.

② 李冰清."一带一路"语境下反腐败国际合作法律制度研究［D］. 北京：外交学院，2020.

③ 参见《联合国反腐败公约》第39条第1款。

④ 中国一带一路网."一带一路"倡议简介［EB/OL］.［2020-03-14］. https：//www.yidaiyilu.gov.cn/info/iList.jsp?tm_id=540.

律文件两个体系构成。“一带一路”倡议以亚欧大陆为重点，欧洲在反腐败领域取得了一系列成果，“一带一路”反腐败国际合作，必须了解欧洲的反腐败相关立法有哪些。下面列出欧洲反腐败国际合作法律文件中两个体系内的一些重要法律文件，对其中一些良好做法可以酌情参考，兼收并蓄。

（1）欧盟涉及反腐败的法律文件①主要有：1997 年《打击涉及欧洲共同体官员或欧洲联盟成员国官员腐败行为的公约》，② 2003 年《打击私营部门腐败的框架决定》，③《公共采购指令》，④《水资源、能源、交通、邮政服务行业实体公共采购指令》，⑤《关于洗钱、辨认、追查、冻结、扣押和没收犯罪所得和工具的框架决定》，⑥《关于在欧盟执行财产或证据冻结令的框架决定》，⑦《关于犯罪所得、工具

① 根据《欧洲联盟运作条约》第 83 条第 1 款，欧盟理事会和欧盟议会有权制定关于腐败的指令，解决相关犯罪的定义和制裁问题。Consolidated Version of the Treaty on the Functioning of the European Union [R]. Official Journal of the European Union, 2012: 80-81.

② The Convention on the Fight against Corruption involving Officials of the European Communities or Officials of Member States of the European Union [J]. Official Journal of the European Communities, 1997, 40: 1-11.

③ Council Framework Decision 2003/568/JHA of 22 July 2003 on Combating Corruption in the Private Sector [J]. Official Journal of the European Union, 2003, 192: 54-56.

④ Directive 2014/24/EU of the European Parliament and Repealing Directive 2004/18/EC Text with EEA Relevance [J]. Official Journal of the European Union, 2014, 94: 65-242.

⑤ Directive 2014/25/EU of the European Parliament on Procurement by Entities Operating in the Water, Energy, Transport and Postal Services Sectors and Repealing Directive 2004/17/EC Text with EEA Relevance [J]. Official Journal of the European Union, 2014, 94: 243-374.

⑥ Council Framework Decision of 26 June 2001 on Money Laundering, the Identification, Tracing, Freezing, Seizing and Confiscation of Instrumentalities and the Proceeds of Crime (2001/500/JHA) [J]. Official Journal of the European Communities, 2001, 182: 1-2.

⑦ Council Framework Decision 2003/577/JHA of 22 July 2003 on the Execution in the European Union of Orders Freezing Property or Evidence [J]. Official Journal of the European Union, 2003, 196: 45-55.

和财产没收的框架决定》,[①]《适用没收令相互承认原则的框架决定》,[②]《关于成员国资产追回办公室在追查和辨认犯罪所得或相关的利益或财产方面的合作的法令》。[③]

（2）欧洲理事会涉及反腐败的法律文件主要有：1999年《反腐败民法公约》（2003年11月1日生效）,[④] 1999年《反腐败刑法公约》（2002年7月1日生效）[⑤]，2003年《反腐败刑法公约议定书》（2005年2月1日生效）,[⑥] 1997年《反腐败二十条指导原则》,[⑦] 2000年《公职人员行为准则建议》,[⑧] 2003年《关于在资助政党和选举活动中反腐败共同规则的建议》。[⑨]

① Council Framework Decision 2005/212/JHA of 24 February 2005 on Confiscation of Crime-Related Proceeds [J]. Instrumentalities and Property, Official Journal of the European Union, 2005, 68: 49-51.

② Council Framework Decision 2006/783/JHA of 6 October 2006 on the Application of the Principle of Mutual Recognition to Confiscation Orders [J]. Official Journal of the European Union, 2006, 328: 59-78.

③ Acts Adopted under Title of the EU Treaty Council Decision 2007/845/JHA of 6 December 2007 Concerning Cooperation between Asset Recovery Offices of the Member States in the Field of Tracing and Identification of Proceeds from, or Other Property related to, Crime [J]. Official Journal of the European Union, 2007, 332: 103-105.

④ Civil Law Convention on Corruption (ETS No. 174) [EB/OL]. (2003-11-01) [2020-02-29]. https://www.coe.int/en/web/conventions/full-list/-/conventions/treaty/174?_coeconventions_WAR_coeconventionsportlet_languageId=en_GB.

⑤ Criminal Law Convention on Corruption (ETS No. 173) [EB/OL]. (2002-07-01) [2020-02-29]. https://www.coe.int/en/web/conventions/full-list/-/conventions/treaty/173?_coeconventions_WAR_coeconventionsportlet_languageId=en_GB.

⑥ Additional Protocol to the Criminal Law Convention on Corruption (ETS No. 191) [EB/OL]. (2005-02-01) [2020-02-29]. https://www.coe.int/en/web/conventions/full-list/-/conventions/treaty/191?_coeconventions_WAR_coeconventionsportlet_languageId=en_GB.

⑦ On the Twenty Guiding Principles for the Fight against Corruption, Committee of Ministers, Council Of Europe, Resolution (97) 24, 1997.

⑧ Recommendation No. (2000) 10 of the Committee of Ministers of Member States on Codes of Conduct for Public Officials, the Committee of Ministers, Council of Europe, 2000.

⑨ Recommendation No. (2003) 4 of the Committee of Ministers of Member States on Common Rules against Corruption in the Funding of Political Parties and Electoral Campaigns, the Committee of Ministers, Council of Europe, 2003.

据统计，公共采购领域的腐败每年给欧盟造成的损失高达 2 万亿欧元。[①] 因此，欧盟十分注重公共采购的廉洁建设，在公共采购领域也有一些重要的反腐败相关立法。《公共采购指令》和《水资源、能源、交通、邮政服务行业实体公共采购指令》就是欧盟理事会和欧盟议会于 2014 年 2 月 26 日通过的两个新的旨在简化公共采购程序以使它更具灵活性的指令。

“一带一路”的项目不可避免地涉及大量的公共采购活动，所以“一带一路”反腐败国际合作必须重视公共采购活动的廉洁性。这方面，可以借鉴欧盟有益经验，例如：确保透明度，采取直接措施提高采购程序的公开性；明确对利益冲突的定义，采取适当措施查明、预防和解决利益冲突；增加排除投标人的理由；采用电子采购；等。

“一带一路”反腐败可以与欧洲理事会合作，利用它的监督机制监督欧洲地区“一带一路”项目的实施，帮助及时发现腐败，避免腐败愈演愈烈导致整个项目的失败。此外，也可以积极与 GRECO 沟通对话，学习它的有益经验和良好做法。

## （二）美洲反腐败公约的启示

1996 年 3 月 29 日，美洲国家组织（Thte Organization of American States，OAS）通过了《美洲反腐败公约》（Inter-American Convention against Corruption，OAS Convention），1997 年 3 月 6 日，《美洲反腐败公约》生效。截至 2020 年 2 月 29 日，除古巴外，其余 34 个美洲国家组织成员国都已经批准了该公约。[②] “该公约是第一个建立综合法

---

① Limiting the Temptation for Corruption in Public Procurement. European Commission [EB/OL]. [2020-02-29]. https://ec. europa. eu/growth/content/limiting-temptation-corruption-public-procurement_ en.

② Inter-American Convention against Corruption (B-58), Signatories and Ratifications. The Organization of American States [EB/OL]. [2020-02-29]. http://www. oas. org/en/sla/dil/inter_ american_ treaties_ B-58_ against_ Corruption_ signatories. asp.

律框架通过将国内和跨国贿赂定罪打击政府官员腐败行为的多边法律文书。"①

《美洲反腐败公约》由序言和正文组成，正文共有 28 条。它的基本结构包括两部分：成员国国内义务、需要成员国合作和协助的行动。第 1 条、第 2 条、第 4—6 条、第 12 和 17 条涉及公约的定义、目的、范围、管辖权、腐败行为、对国家财产的影响，以及行为的性质。第 19 条、第 21—28 条涉及公约的临时适用、签署、批准、加入、保留、生效、退出、附加议定书，以及交存原始文书。

《美洲反腐败公约》没有规定履约监督机制，但于 2001 年 6 月 5 日通过决议设立了"美洲反腐败公约后续执行机制"（The Follow-Up Mechanism for the Implementation of the Inter-American Convention, MESICIC），负责公约的实施和监督。② MESICIC 在每轮审议中审议上一轮审议中的建议和公约条款的执行情况，并向缔约国提出进一步执行公约条款的建议。③ MESICIC 由缔约国会议和专家委员会两部分组成。缔约国会议负责在公约框架内制定指导 MESICIC 运行的规则和加强反腐败合作的规则。专家委员会负责公约执行情况的技术审议，每两年在华盛顿举行一次会议，通过被审议国家的报告，就最佳做法交流意见，讨论加强反腐败国际合作中涉及的集体利益问题。

"拉丁美洲和加勒比地区是重要的新兴市场"④，"一带一路"建设欢迎拉丁美洲和加勒比地区的参与。美洲国家的参与是"一带一

---

① Boswell N. The impact of international law on domestic governance [J]. Proceedings of the Annual Meeting (American Society of International Law), 2003, 97: 133-137.

Altamirano G D. The impact of the inter-American convention against corruption [J]. The University of Miami Inter-American Law Review, 2006, 38: 487-547.

② Mechanism for Follow-up of Implementation of the Inter-American Convention against Corruption [R]. Washington D. C.: The Organization of American States, 2001.

③ Anti-Corruption Portal of the Americas-MESICIC. The Organization of American States [EB/OL]. [2020-02-29]. http://www.oas.org/en/sla/dlc/mesicic/default.asp.

④ 推进"一带一路"建设工作领导小组办公室. 共建"一带一路"：理念、实践与中国的贡献 [EB/OL]. (2017-05-10) [2020-03-30]. https://www.yidaiyilu.gov.cn/zchj/qwfb/12658.htm.

路”反腐败立法不可或缺的内容。然而，尽管美洲国家间建立了《美洲反腐败公约》框架下的反腐败国际合作机制，通过实施该公约进一步巩固了各国的反腐败共识，但是有罪不罚和忽视透明度深深植根于一些拉美国家的文化传统中，[①] 美洲地区的反腐败形势不容乐观。此外，跨国商业贿赂是“一带一路”建设中主要的腐败表现形式，但是《美洲反腐败公约》对跨国贿赂的规制缺乏强制力。[②] 所以，一方面，“一带一路”反腐败立法要考虑美洲国家间的既存制度，加强与美洲国家组织和 MESICIC 的对话与交流，共享良好做法，加强能力建设；另一方面，必须意识到美洲国家间既存制度的不足，尤其是在跨国商业贿赂的定罪处罚方面，通过新的“一带一路”反腐败公约等弥补缺陷。

### （三）非洲反腐败国际合作立法的启示

非洲地区与反腐败相关的区域性法律文件主要有《非洲联盟预防和打击腐败公约》（African Union Convention on Preventing and Combating Corruption，AU Convention）、《南部非洲发展共同体反腐败议定书》（Southern African Development Community Protocol against Corruption，SADC Protocol）和《西非经济共同体反腐败议定书》（Economic Community of West African States Protocol on the Fight against Corruption，ECOWAS Protocol）。截至 2019 年 12 月 29 日，《非洲联盟预防和打击腐败公约》共有 43 个缔约国，[③] 适用的空间范围最广。

---

① Altamirano G D. The impact of the inter-American convention against corruption [J]. The University of Miami Inter-American Law Review，2006，38：487-547.

② 《美洲反腐败公约》第 8 条对跨国贿赂定罪进行了限制，规定该义务受制于国家宪法和法律体系的基本原则。

③ African Union. List of Countries Which Have Signed，Ratified/Acceded to the African Union Convention On Preventing and Combating Corruption [EB/OL]. (2014-01-28) [2020-02-29]. https：//au. int/sites/default/files/treaties/36382 - sl - AFRICAN% 20UNION% 20CONVENTION% 20ON%20PREVENTING%20AND%20COMBATING%20CORRUPTION%20%281%29. pdf.

“一带一路”语境下反腐败国际合作法律制度建设在考虑非洲的既存制度时，该公约最具参考价值。

2003 年 7 月 1 日，非洲联盟通过《非洲联盟预防和打击腐败公约》，2006 年 8 月 5 日，该公约生效。公约序言明确将其置于《非盟章程》框架下，提及国家在《非洲人权和民族权宪章》及其他人权条约下促进和保护人权的义务，并规定了以下五条原则：尊重民主原则和制度、公众参与、法治和善治；尊重人权和民族权；公共事务管理的透明度和问责；促进社会公正以确保平衡社会经济发展；谴责和拒绝腐败行为及相关犯罪和有罪不罚。[①]

该公约由序言和 28 条正文组成，主要内容包括腐败预防、定罪、国际合作和资产追回等。它适用于这些腐败犯罪：公职人员挪用财产、国内贿赂和海外贿赂、资产非法增加、影响力交易、洗钱和隐匿财产。[②] 并且，公约第 11 条明确规定：“缔约国承诺：（1）采取立法和其他措施，预防和打击私营部门发生的及其代理人的腐败行为和有关罪行；（2）建立机制，鼓励私营部门参与打击不公平竞争、尊重投标程序和财产权；（3）采取其他必要措施防止企业为中标行贿。”[③] 公约第 22 条规定建立一个咨询委员会作为执行监督机构，接受国家执行公约情况的报告。

“非洲是共建‘一带一路’的关键伙伴。”[④]《非洲联盟预防和打击腐败公约》是制定国际标准以遏制非洲各地系统性腐败的重要法律文件，对于“一带一路”反腐败国际合作具有重要意义。它明确适用于私营部门腐败，对公平竞争、投标程序的强调无疑可以规范“一带一路”项目建设。

---

① 《非洲联盟预防和打击腐败公约》第 3 条。

② 《非洲联盟预防和打击腐败公约》第 4 条、第 6 条和第 8 条。

③ 《非洲联盟预防和打击腐败公约》第 11 条。

④ 推进“一带一路”建设工作领导小组办公室. 共建“一带一路”：理念、实践与中国的贡献 [EB/OL]. (2017-05-10) [2020-03-30]. https://www.yidaiyilu.gov.cn/zchj/qwfb/12658.htm.

## (四) 亚太地区反腐败国际合作立法的启示

亚太地区并不像美洲、欧洲和非洲一样有统一的区域性反腐败公约，原因是多方面的，但不容回避的一个原因是亚太地区各国之间政治经济文化差异明显，在反腐败统一规则制定方面存在很大困难，但是自20世纪六七十年代，一些国家就设立了专门的反贪机构，如马来西亚、菲律宾、泰国等。亚太地区各国也逐渐认识到，全球化背景下，反腐败斗争不仅需要各自努力，国际合作也是必须的。

20世纪90年代以来，亚太地区在反腐败国际合作方面的活动越来越多，陆续出台了一些反腐败国际合作文件。1998年7月2日，亚洲开发银行通过了《亚洲开发银行的反腐败政策》（ADB Anti-Corruption Policy）。[①] 2001年11月，亚洲开发银行和经济合作开发组织共同举办的亚太地区反腐败会议通过了"亚太地区反腐败行动计划"（Anti-Corruption Action Plan for Asia and the Pacific）。[②] 2004年11月21日，第16届亚太经合组织部长会议通过了《圣地亚哥反腐败和确保透明度承诺》。[③] 2014年，第26届亚太经合组织部长会议通过了《北京反腐败宣言》。[④] 但是，这些反腐败国际合作文件都是一些没有法律约束力的宣言和准则。

"一带一路"倡议可以作为亚太地区各国反腐败交流和讨论的平

---

① Asian Development Bank. Anti-corruption: Our Framework, Polices and Strategies [EB/OL]. [2020-02-29]. https://www.adb.org/sites/default/files/institutional-document/32026/anticorruption.pdf.

② 亚洲开发银行与经济合作开发组织亚太地区反腐败行动组. 亚太地区反腐败行动计划[EB/OL]. [2020-02-29]. http://www.oecd.org/site/adboecdanti-corruptioninitiative/meetingsandconferences/35111528.pdf.

③ Asia-Pacific Economic Cooperation. Santiago Commitment to Fight Corruption and Ensure Transparency [EB/OL]. (2004-11-21) [2020-02-29]. https://2001-2009.state.gov/e/eeb/rls/othr/38801.htm.

④ APEC. Annex H-Beijing Declaration on Fighting Corruption [EB/OL]. [2020-02-29]. https://www.apec.org/Meeting-Papers/Annual-Ministerial-Meetings/2014/2014_amm/annexh.

台，在“一带一路”合作框架下进一步深化反腐败共识，求同存异，争取通过“一带一路”反腐败公约等以解决亚太地区因缺少统一的区域性反腐败公约而带来的反腐败合作难题。

## 三、评　析

上述既存的反腐败国际立法，虽然已构建起国际反腐败法律框架与体系，但由于其带有立法滞后等缺陷，仍然不能满足当下大变局时期的全球腐败治理的需要，也不能满足“一带一路”廉洁建设的需要。大变局的现实催逼中国推进反腐败国际立法。

# 第三章　中国推进反腐败国际立法的根本遵循

2020年11月16日至17日，中央全面依法治国工作会议在北京召开，这次会议最重大的成果，就是确立了习近平法治思想。

习近平法治思想是顺应实现中华民族伟大复兴的时代要求应运而生的重大理论创新，是马克思主义法学理论中国化的最新成果，是习近平新时代中国特色社会主义思想的重要组成部分，是新时代全面依法治国的根本遵循和行动指南，[①] 也是新时代推进反腐败国际立法的根本遵循与行动指南，凝聚了推进全球治理变革的中国智慧。

## 一、习近平法治思想中推进全球治理与反腐败国际立法理论的科学要义

### （一）习近平法治思想中推进全球治理理论的科学要义

党的十八大以来，习近平总书记深刻把握全球治理体系变革的时代进程及其走向，明确提出要弘扬共商共建共享的全球治理理念，

① 中国政法大学习近平法治思想研究院．习近平法治思想引领新时代法治中国建设［N］．中国纪检监察报，2022-09-08（5）．

以此汇聚推动全球治理体系变革的全球共识。① 因而，在一系列重大国际场合，习近平主张推进全球治理变革，构建新型国际关系，构建世界经济政治新秩序。如 2014 年 7 月，习近平在接受拉美四国媒体联合采访时进一步重申："我们将更加积极有为地参与国际事务，致力于推动完善国际治理体系，积极推动扩大发展中国家在国际事务中的代表性和发言权。"② 近年来，中国在参与全球治理进程中，不断加强与联合国、世界贸易组织、国际货币基金组织、世界银行、二十国集团（G20）、金砖国家等国际组织和多边机制的协调和配合，和许多新兴国家一道，"为发展中国家争取更多制度性权力和话语权"③。

在大变局时代，"我们要坚持共商共建共享的全球治理观，不断改革完善全球治理体系，推动各国携手建设人类命运共同体"④。习近平特别指出："世界的命运必须由各国人民共同掌握。各国主权范围内的事情只能由本国政府和人民去管，世界上的事情只能由各国政府和人民共同商量来办。这是处理国际事务的民主原则，国际社会应该共同遵守。"⑤ 习近平向国际社会郑重表示："全球治理体系是由全球共建共享的，不可能由哪一个国家独自掌握。中国没有这种想法，也不会这样做。中国是现行国际体系的参与者、建设者、贡献者，一直维护以联合国为核心、以联合国宪章宗旨和原则为基础的国际秩序和国际体系。"⑥

---

① 公丕祥. 习近平法治思想："世界之问"的中国方案［EB/OL］.［2022-07-21］. http://www.npc.gov.cn/npc/c30834/202207/be6aef803500447c931c9c6ebccee513.shtml.

② 习近平接受拉美四国媒体联合采访［N］. 人民日报，2014-07-15（1）.

③ 习近平. 弘扬传统友好 共谱合作新篇：在巴西国会的演讲［N］. 人民日报，2014-07-18（3）.

④ 习近平. 弘扬"上海精神"构建命运共同体：在上海合作组织成员国元首理事会第十八次会议上的讲话［N］. 人民日报，2018-06-11（3）.

⑤ 习近平. 顺应时代前进潮流，促进世界和平发展［M］//习近平谈治国理政：第一卷. 北京：外文出版社，2014：274.

⑥ 习近平接受《华尔街日报》采访时强调 坚持构建中美新型大国关系正确方向 促进亚太地区和世界和平稳定发展［N］. 人民日报，2015-09-23（1）.

2020年2月5日，在中央全面依法治国委员会第三次会议上，习近平总书记强调指出："党的十八大以来，我们提出推动构建人类命运共同体的理念，受到各方普遍欢迎和高度评价，被载入联合国一系列决议。我们要乘势而上、顺势而为，坚定维护以联合国宪章宗旨和原则为核心的国际秩序和国际体系，为全球治理体系改革和建设贡献中国智慧和中国方案。"①

鉴于国际社会对变革全球治理体系的呼声越来越高，习近平总书记强调指出："要提高我国参与全球治理的能力，着力增强规则制定能力、议程设置能力、舆论宣传能力、统筹协调能力。"②

在习近平法治思想的指引下，为了积极推进全球治理体系变革，中国先后举办杭州G20峰会、北京"一带一路"高峰论坛、厦门金砖国家会议、北京世界政党大会等，为全球治理不断贡献中国智慧和力量。中国提出"一带一路"倡议、建立以"合作共赢"为核心的"新型国际关系"、坚持"正确义利观"、构建"人类命运共同体"等理念和举措，全球治理话语权明显增强。③

## （二）习近平法治思想中关于提升国际话语权理论的科学要义

党的十八大以来，习近平总书记着眼中国与世界发展大势，科学回答了在新时代"为何提升""提升什么"和"怎样提升"中国国际话语权等基本问题，形成了一系列关于提升中国国际话语权的新思想、新论断和新观点，为提升中国国际话语权指明了战略方向和实践要求。

习近平总书记统筹国内国际两个大局，多次强调要加强国际传

---

① 2020年2月5日，在中央全面依法治国委员会第三次会议上的讲话。

② 习近平. 提高我国参与全球治理的能力［M］//习近平谈治国理政：第二卷. 北京：外文出版社，2017：450.

③ 陈向阳. 习近平总书记的全球治理思想［J］. 前线，2017（6）：4-7.

播能力建设，提升中国国际话语权，为我国改革发展稳定营造有利的外部舆论环境，为推动构建人类命运共同体作出积极贡献。深刻分析习近平总书记关于提升中国国际话语权重要论述的深刻意蕴，对于做好新时代中国国际话语权提升工作具有重要的理论价值和现实意义。①

习近平总书记明确指出："我们要让全国人民知道党和政府为人民做了什么、还要做什么，让世界知道中国人民为人类文明进步作出了什么贡献、还要作出什么贡献。"在十九届中央政治局第三十次集体学习时的讲话中，习近平总书记明确要求："要广泛宣介中国主张、中国智慧、中国方案，我国日益走近世界舞台中央，有能力也有责任在全球事务中发挥更大作用，同各国一道为解决全人类问题作出更大贡献。"这些重要论述都指明了提升中国国际话语权对于建设人类命运共同体的重要意义。只有加强中国话语在国际社会的影响力，才能让中国的主张、智慧和方案在世界得到广泛传播和认同，为处在发展中的国家提供更多的发展道路、发展机会和发展经验，与世界各国一同构建人类命运共同体。②

习近平总书记强调要加强国际话语权建设，"讲好中国故事，传播好中国声音，展示真实、立体、全面的中国，是加强我国国际传播能力建设的重要任务。要深刻认识新形势下加强和改进国际传播工作的重要性和必要性，下大气力加强国际传播能力建设，形成同我国综合国力和国际地位相匹配的国际话语权"。③

习近平总书记强调："要坚持统筹推进国内法治和涉外法治。要加快涉外法治工作战略布局，协调推进国内治理和国际治理，更好维

① 徐国亮. 提升中国国际话语权的深刻意蕴与重要意义［J］. 人民论坛，2021（31）：12-16.

② 徐国亮. 提升中国国际话语权的深刻意蕴与重要意义［J］. 人民论坛，2021（31）：12-16.

③ 习近平在中共中央政治局第三十次集体学习时强调：加强和改进国际传播工作 展示真实立体全面的中国［N］. 人民日报，2021-06-02（1）.

护国家主权、安全、发展利益。”习近平法治思想坚持统筹推进国内法治和涉外法治，坚定维护以联合国为核心的国际体系、以国际法为基础的国际秩序、以联合国宪章宗旨和原则为基础的国际关系基本准则，提出了推动形成公正合理透明的国际规则体系的中国主张。①因而，我们要在国际规则重塑的当下，以习近平法治思想为根本遵循，积极参与国际规则制定，提高我国在全球治理体系变革中的话语权和影响力，做全球治理变革进程的推动者。

## （三）习近平法治思想中坚持统筹推进国内法治和涉外法治理论的科学要义

“坚持统筹推进国内法治和涉外法治”是习近平法治思想的时代逻辑和核心要义之一，为全面推进依法治国提出了新要求、明确了新任务。②

在统筹协调国际国内两个大局过程中，习近平总书记强调，要抓住机遇，妥善应对挑战，推动全球治理理念创新发展，推动全球治理体制向着更加公正合理方向发展。③

习近平总书记在 2020 年 11 月 16 日召开的中央全面依法治国工作会议中又提出，“要加快涉外法治工作战略布局，协调推进国内治理和国际治理，更好维护国家主权、安全、发展利益”。

在 2022 年 10 月 16 日中国共产党第二十次全国代表大会上，习近平总书记再次强调，要“加强重点领域、新兴领域、涉外领域立法，统筹推进国内法治和涉外法治”。

这一系列讲话鲜明宣告了中国主动参与国际规则制定的强大决

① 雷鸣. 为人类法治文明发展贡献中国智慧中国方案［N］. 人民日报，2023-06-27（9）.

② 胡海涛. 坚持统筹推进国内法治和涉外法治［N］. 河北法制报，2021-03-14（4）.

③ 习近平. 推动全球治理体制更加公正更加合理 为我国发展和世界和平创造有利条件［N］. 人民日报，2015-10-14（1）.

心和坚定努力，在和平发展的道路上积极推动形成更加公正合理的国际规则体系和国际规则秩序，努力提高我国在全球治理体系改革中的话语权、塑造力。

习近平总书记的重大理论观点，饱含对人类发展重大问题的睿智思考和独特创见。①

深入领会和贯彻“坚持统筹推进国内法治和涉外法治”思想内涵，加强涉外法治建设，将更好地维护我国主权、安全、发展利益，推进全球治理变革，推动构建人类命运共同体。②

## （四）习近平法治思想中反腐败涉外立法思想的科学要义

在习近平法治思想中，关于反腐败的论述占据重要地位。

党的十八大以来，以习近平同志为核心的党中央更加重视党风廉政建设和反腐败斗争，把反腐败斗争置于攸关党的前途命运的地位。党的二十大报告提出了“坚决打赢反腐败斗争攻坚战持久战”的目标任务。习近平高度重视依靠法治惩治和预防腐败，形成了一套具有鲜明特色的关于法治反腐的理论。

习近平关于法治反腐的理论，是一个内涵深刻、逻辑严谨、内容完备的完整体系，是新时代党的自我革命理论的重要方面和子体系，是指导新时代我国开展反腐败斗争的根本行动指南。

### 1. 习近平法治思想中关于廉洁及廉洁丝绸之路的重要论述

自党的十八大以来，习近平总书记在其系列重要讲话中，提出了有关建设廉洁政治的新观点、新论断、新举措，发展了马克思主义的廉洁政治观。

---

① 中共最高人民法院党组. 习近平法治思想领航法治中国阔步向前［N］. 人民日报，2021-05-28（13）.

② 胡海涛. 坚持统筹推进国内法治和涉外法治［N］. 河北法制报，2021-03-14（4）.

（1）关于廉洁、廉政、腐败的重要论述。

在廉洁、廉政问题上，习近平多次强调“政者，正也。子帅以正，孰敢不正”，领导干部要做到“正”，就必须自省、自律、自责、克己，告诫手握权力的领导干部要始终做到廉洁用权、不贪污腐败。2015年1月，在主持召开县委书记座谈会时，习近平强调廉洁自律是共产党人为官从政的底线，告诫县委书记们要清白做人、干净做事、坦荡为官。[①] 习近平还多次强调指出：“反对腐败、建设廉洁政治，保持党的肌体健康，始终是我们党一贯坚持的鲜明政治立场。”[②]在《习近平谈治国理政》一书中，“廉洁操守”“廉洁奉公”“清正廉洁”“干部清正”“政府清廉”“政治清明”“廉洁政府”“廉洁从政”“以透明保廉洁”“为民务实清廉”等意指廉洁政治内涵的词汇频繁出现，并且多次与“保持党的先进性和纯洁”“清醒”“警醒”“负责”“责任”等语汇一并使用，这表明“廉洁政治”成为以习近平同志为核心的党中央治国理政全力探索与实践的时代课题。

对于腐败，习近平指出，“物必先腐，而后虫生”，“微腐败”也可能成为“大祸害”，因此在对待腐败的态度问题上，要“从善如登，从恶如崩”“见善如不及，见不善如探汤”“新松恨不高千尺，恶竹应须斩万竿”，告诫领导干部要防微杜渐，增强自身免疫力，与腐败划清界限，始终保持清正廉洁的政治本色。在反腐败问题上，习近平深刻指出，“腐败是社会毒瘤。如果任凭腐败问题愈演愈烈，最终必然亡党亡国”[③]，认为“不反腐败确实要亡党，真反腐败不仅不会亡党，而且能增强党自我净化、自我完善、自我革新、自我提高能

---

① 邓学源. 习近平廉洁文化观：科学内涵、理论品质及指导意义［J］. 廉政文化研究，2017（5）：1-8.

② 习近平. 习近平谈治国理政［M］. 北京：外文出版社，2014：16.

③ 习近平. 在第十八届中央纪律检查委员会第二次全体会议上的讲话［N］. 人民日报，2013-01-22（1）.

力”[①]，指出反腐败“是保持党同人民群众血肉联系的必然要求，也是巩固党的执政基础和执政地位的必然要求”[②]。

基于对廉洁、廉政、腐败等问题的深刻阐述，习近平强调要“积极借鉴我国历史上优秀廉政文化”[③]，将廉洁文化建设作为提高党的领导水平和执政水平、提高拒腐防变和抵御风险能力，进而实现“两个一百年”奋斗目标和中国梦的重要内容和重要路径。

习近平关于廉洁政治建设的重要论述深刻总结了无产阶级革命斗争和建设实践的宝贵经验，提出了一系列富有创见的新思想、新观点、新论断，是新的历史条件下党的建设和反腐倡廉理论的最新成果，对于当代中国共产党人进一步加强廉洁政治建设，深入推进全面从严治党具有重要启示。[④]

（2）关于廉洁丝绸之路的重要论述及其法治意蕴。

①习近平关于“把‘一带一路’建设成为廉洁之路”的重要论述。2013年，习近平提出共建“一带一路”倡议。“一带一路”建设要行稳致远，实现政策沟通、设施联通、贸易畅通、资金融通、民心相通的互联互通目标，廉洁是重要保障。以作为合作发展基础的“设施联通”为例，推动陆上、海上、天上、网上四位一体的联通，离不开关键通道、关键城市、关键项目，大量的项目和资金又必然带来不可忽视的廉洁风险，对“一带一路”建设提出考验。2017年5月，习近平在首届“一带一路”国际合作高峰论坛上指出，要加强国际反腐合作，让“一带一路”成为廉洁之路。

②廉洁丝绸之路的法治意蕴。腐败现象主要存在于项目采购和

---

① 习近平关于党风廉政建设和反腐败斗争论述摘编［M］. 北京：中央文献出版社，2015：26.

② 习近平关于党风廉政建设和反腐败斗争论述摘编［M］. 北京：中央文献出版社，2015：15.

③ 习近平关于党风廉政建设和反腐败斗争论述摘编［M］. 北京：中央文献出版社，2015：3.

④ 阳财婷，刘纯明，李青嵩. 习近平关于廉洁政治建设重要论述的渊源、意蕴、启示［J］. 攀登，2020（6）：8-14.

投资、贸易等领域中的合同履行环节，因此建立“开放、透明和非歧视的公共采购程序”成为预防腐败的必要制度安排。①“一带一路”的高质量发展、健康发展，有赖于“各方在建设廉洁文化和打击腐败方面作出更多努力。”② 故此，我们认为：规则和法治既是“一带一路”高质量发展的保障，也是应对各种不确定性风险和挑战的安全阀。而遵从规则和法治，首先就要守住廉洁底线。

“一带一路”倡议沿线国多为发展中国家，廉洁之路建设不仅可以为“一带一路”倡议推动的基建工程项目等保驾护航，更可以推动各国反腐败制度建设等软环境的发展，对推动各国经济社会发展具有重要意义，其影响在某种程度上甚至远超“一带一路”建设带来的经济效益。

2019 年 4 月，第二届“一带一路”国际合作高峰论坛圆桌峰会联合公报纳入包括“开放、绿色、廉洁”在内的高质量共建“一带一路”理念。在廉洁丝绸之路分论坛上，中国与有关国家、国际组织以及工商学术界代表共同发起了《廉洁丝绸之路北京倡议》，呼吁各方携手共商、共建、共享廉洁丝绸之路，持续为“一带一路”建设保驾护航。

我们认为：廉洁丝绸之路的法治意蕴主要体现在如下四方面：

一是对“一带一路”参与国来说，善意履约，打造廉洁营商环境，加强廉洁文化建设，切断腐败之源；

二是对“一带一路”参与国公职人员来说，遵守廉洁准则，防止利益冲突；

三是对“一带一路”参与国企业来说，参与廉洁立法，防控廉洁风险，远离商业贿赂与涉腐洗钱；

① “一带一路”国际合作高峰论坛圆桌峰会联合公报（2019）第 26 段以及“一带一路”国际合作高峰论坛圆桌峰会联合公报（2017）第 14（4）段都提及“政府采购程序应开放、透明、非歧视”。

② “一带一路”国际合作高峰论坛圆桌峰会联合公报（2019）第 6 段。

四是对国际社会来说，认同与支持中国推进反腐败国际立法，为把“一带一路”建设成为廉洁之路提供法治保障，以推动“一带一路”建设高质量发展。

**2. 关于反腐败国际合作的重要论述**

习近平关于反腐败国际合作的论述具有体系性、创新性和实践性，形成了“习近平反腐败国际合作思想”。习近平反腐败国际合作思想，既是习近平反腐败思想的组成部分，也是习近平外交思想的组成部分。正是在习近平反腐败国际合作思想的指导下，十八大以来中国反腐败国际合作取得重大进展。

中国在反腐败国际合作领域践行习近平反腐败国际合作思想，强调和贯彻求同存异、务实共赢的反腐合作理念，从 APEC 北京宣言到 G20 高级原则，提出了一系列有针对性的反腐败国际合作倡议和政策主张，推进反腐败国际合作向务实方向发展，在双边、多边合作中逐步增强主导权和影响力。中国加入国际反腐败学院、成立 G20 反腐败追逃追赃研究中心等推动反腐败国际合作信息交流、加强相关研究的举动，为中国建立一个更加有效并为我所用的国际反腐败合作网络提供极大助力和重要支撑。

中国在健全反腐败国际追赃追逃体制、集中开展跨国追逃追赃行动、培育国际反腐败专项人才、制定行动目标和计划等方面“多管齐下”，不仅在国际反腐败合作中取得了实实在在的成效，完成了从“新手”到“参与者”，再到“重要参与者”的华丽转变，更开始展现出主导国际反腐败合作新秩序的迹象。[①] 这是习近平反腐败国际合作思想成功运用取得的实践成果。

党的十八大以来，党中央作出推进反腐败国际合作、加大追逃追赃工作力度的重要决策部署。习近平总书记多次就这项工作作出重

① 冈田实，袁静. 中国反腐败国际合作的新扩展：作为“廉洁之路”的“一带一路”[J]. 国外社会科学，2017（6）：150-152.

要论述，提出一系列新思想新观点新要求。

2016 年 1 月 12 日，习近平总书记在十八届中央纪委六次全会上强调指出："要加大国际追逃追赃力度，推动二十国集团、亚太经合组织、《联合国反腐败公约》等多边框架下的国际合作，实施重大专项行动，把惩治腐败的天罗地网撒向全球，让已经潜逃的无处藏身，让企图外逃的丢掉幻想。"①

习近平总书记在谈到追回外逃腐败分子时指出，决不能让腐败分子躲进"避罪天堂"，逍遥法外，即使逃到天涯海角，也要把他们追回来，5 年、10 年、20 年都要追。

习近平总书记关于反腐败国际合作和追逃追赃工作的重要论述，集中体现了对国际国内反腐败形势的深刻洞察和准确把握，蕴含着丰富的思想内涵和牢固的理论根基，是我们在新的历史条件下开展反腐败国际合作和追逃追赃工作的思想武器和行动指南，为开展反腐败国际合作和追逃追赃工作指明了方向。②

习近平总书记从政治和全局高度，坚持理论和实践相结合，提出以追逃追赃为核心的一系列反腐败国际合作倡议，赢得国际社会的尊重。

**3. 关于境外追逃、防逃、追赃的重要论述**

习近平特别重视反腐败的国际合作，指出："把惩治腐败的天罗地网撒向全球，让已经潜逃的无处藏身，让企图外逃的丢掉幻想。"③如果说国家监察委负责组织协调追逃追赃和防逃工作是在编织反腐败的"天网"，那么一系列追逃追赃领域的国内立法则可称为"法网"。在习近平法治思想的引领下，反腐败国际追逃追赃规范化法治

① 黄树贤. 把惩治腐败的天罗地网撒向全球：深入学习习近平总书记关于反腐败国际合作和追逃追赃工作的重要论述［J］. 求是，2016（11）：12-14.

② 黄树贤. 把惩治腐败的天罗地网撒向全球：深入学习习近平总书记关于反腐败国际合作和追逃追赃工作的重要论述［J］. 求是，2016（11）：12-14.

③ 习近平. 在第十八届中央纪律检查委员会第六次全体会议上的讲话［M］. 北京：人民出版社，2016：13.

化水平不断提升，涉外领域立法、涉外法治体系建设得到加强。十九届中央纪委六次全会提出“加大跨境腐败治理力度，构建反腐败涉外法律法规体系”。党的二十大报告中也提出“统筹推进国内法治和涉外法治”[①]。

党的十八大后，习近平提出：国际追逃工作要好好抓一抓，各有关部门要加大交涉力度，不能让外国成为一些腐败分子的“避罪天堂”，腐败分子即使逃到天涯海角，也要把他们追回来绳之以法，5年、10年、20年都要追，要切断腐败分子的后路。[②] 按照党中央的要求和部署，十八届中央纪委三次全会就“加大国际追逃追赃力度，决不让腐败分子逍遥法外”作出具体部署。此后，中央纪委历次全会都将追逃追赃作为一项重要任务予以部署，追逃追赃工作由此不断换挡提速，成为全面从严治党、推进党风廉政建设和反腐败斗争的重要组成部分。[③]

2017年5月14日，习近平在“一带一路”国际合作高峰论坛上发表主旨演讲时指出，让“一带一路”成为廉洁之路。加强“一带一路”建设中的反腐合作，是整个国际反腐败合作的重要组成部分。党的十八大以来，我国反腐败国际合作特别是反腐败国际追逃追赃工作取得了丰硕成果，成绩令世人瞩目。

习近平在十九届中央纪委五次全会上强调，反腐败国际追逃追赃是全面从严治党和反腐败斗争的重要一环，不仅让一些腐败分子失去了“避罪天堂”，而且推进了反腐败国际合作，占据了国际道义制高点，为全球反腐败治理贡献了中国方案和中国智慧。[④]

---

① 习近平. 高举中国特色社会主义伟大旗帜 为全面建设社会主义现代化国家而团结奋斗：在中国共产党第二十次全国代表大会上的报告［N］. 人民日报，2022-10-26（1）.

② 习近平在十八届中央纪委三次全会上发表重要讲话 强化反腐败体制机制创新和制度保障 深入推进党风廉政建设和反腐败斗争［N］. 人民日报，2014-01-15（1）.

③ 邵景均. 论习近平反腐败思想与实践［J］. 毛泽东研究，2017（4）：4-11.

④ 石艳红. 贯彻落实中央纪委五次全会精神（四）一刻不停推进反腐败斗争［EB/OL］.（2021-03-22）［2021-03-28］. http：//www. ccdi. gov. cn/toutiao/202103/t20210322_ 238253. html.

在习近平法治思想的指引下，反腐败国际追逃追赃规范化法治化水平不断提升，涉外领域立法、涉外法治体系建设得到加强。十九届中央纪委六次全会提出“加大跨境腐败治理力度，构建反腐败涉外法律法规体系”。党的二十大报告中也提出“统筹推进国内法治和涉外法治”①。

以习近平法治思想为指引，近年来我国大力推进与反腐败相关的国际合作。习近平指示，“加大国际追讨追赃力度，推动反腐败的国际合作”②。

致力推动在国际文件、宣言中写入对腐败零容忍的内容，如在我国的推动下，《二十国集团领导人巴厘岛峰会宣言》“重申对腐败零容忍的承诺，将通过全球反腐败执法合作网络、二十国集团拒绝腐败分子入境执法合作网络等加强国际合作，促进廉洁文化，拒绝为腐败犯罪人员及其资产提供避风港”。

党的十八大以来，习近平高度重视反腐败追逃追赃工作，倡议构建国际反腐新秩序，搭建全球追逃追赃国际合作平台，得到了世界各国的充分认可和高度肯定。

习近平指出：“我们主动提出一系列反腐败国际合作倡议，倡议构建国际反腐新秩序，特别是加大对美国等西方国家在反腐败合作方面的压力，要求他们不要成为腐败分子的‘避罪天堂’。”③ 我们“要搭建追逃追赃国际合作平台”，“继续推动在二十国集团、亚太经合组织、《联合国反腐败公约》等多边框架下加强追逃追赃国际合作”。④

2014 年 11 月，习近平在亚太经合组织第二十二次领导人非正式

① 习近平. 高举中国特色社会主义伟大旗帜 为全面建设社会主义现代化国家而团结奋斗：在中国共产党第二十次全国代表大会上的报告［N］. 人民日报，2022-10-26（1）.

② 习近平谈治国理政：第二卷［M］. 北京：外文出版社，2017：166.

③ 中共中央文献研究室编. 习近平总书记重要讲话文章选编［M］. 北京：中央文献出版社，2016：61-62.

④ 中共中央纪律检查委员会，中共中央文献研究室编. 习近平关于党风廉政建设和反腐败斗争论述摘编［M］. 北京：中央文献出版社，2015：132.

会议致辞时指出，亚太地区各国可以通过建立“反腐败执法合作网络，就追逃追赃、开展执法合作等达成重要共识”①。同月，在二十国集团领导人第九次峰会上，习近平明确提出反腐败国际合作必须进一步深化。2015 年 11 月二十国集团领导人第十次峰会上，习近平表示，“加强反腐败国际合作，中方支持二十国集团加强国际追逃追赃务实合作”②。2016 年 9 月，习近平在二十国集团领导人杭州峰会上致开幕词时再次强调加强“反腐败领域合作”。此次峰会通过《二十国集团反腐败追逃追赃高级原则》《二十国集团 2017—2018 年反腐败行动计划》，在华设立反腐败追逃追赃研究中心，成功构建原则、机制、行动“三位一体”的国际反腐败合作格局。

**4. 中国推进国际追逃追赃、防逃立法的实践与制度基础**

（1）习近平总书记的领导、部署。

党的十八大以来，习近平在多边和双边场合将反腐败国际追逃追赃设置为会谈议题，旗帜鲜明地表达中国在反腐败问题上的坚定立场和鲜明态度，共同商讨应对办法和合作之策。

习近平还在重大外交活动中近 80 次就反腐败和追逃追赃发表重要论述，站在构建国家间政治与外交关系的战略高度，有效凝聚了国际共识，强调和号召国际社会积极推进反腐败国际合作，搭建追逃追赃国际平台，使“一带一路”参与国开展反腐败合作、强化追逃追赃有了坚实的政治基础。③

例如，2014 年 11 月 8 日，亚太经合组织（APEC）部长级会议通过了《北京反腐败宣言》。习近平在随后举行的 APEC 领导人非正

---

① 习近平. 在亚太经合组织第二十二次领导人非正式会议上的闭幕词［N］. 光明日报，2014-11-12（2）.

② 习近平出席二十国集团领导人第十次峰会第二阶段会议 阐述中国主办 2016 年峰会总体思路和设想［EB/OL］.（2015-11-16）［2017-05-02］. http：//politics. people. com. cn /n/2015/1116/c1001-27821862. html.

③ 窦克林. 占领道义制高点 推动构建国际反腐新秩序［J］. 中国纪检监察，2017（16）：52-53.

式会议的闭幕词中指出，我们大力推动亚太反腐败合作，建立亚太经合组织反腐败执法合作网络，就追逃追赃、开展执法合作等达成重要共识。①

2014 年 11 月 16 日，习近平出席二十国集团领导人第九次峰会，与会成员领导人同意建设反腐败合作网络，返还腐败资产，拒绝为腐败官员提供避罪港。②

2015 年 11 月 16 日，习近平出席二十国集团领导人第十次峰会时强调，中国坚持有腐必反、有贪必肃，以零容忍态度惩治腐败，加强反腐败国际合作。中方支持二十国集团加强国际追逃追赃务实合作。③

2016 年 9 月 4—5 日，二十国集团杭州峰会成功召开，习近平在闭幕词中指出："我们就继续深化反腐败合作达成多项共识，决心让腐败分子在二十国乃至全球更大范围无处藏身、无所遁形。"④ 在此次会议上，G20 各国领导人一致批准通过《二十国集团反腐败追逃追赃高级原则》、在华设立 G20 反腐败追逃追赃研究中心、《二十国集团 2017—2018 年反腐败行动计划》等重要反腐败成果。

2017 年 5 月 14 日，习近平在出席"一带一路"国际合作高峰论坛开幕式的主旨演讲中强调，我们也要加强国际反腐合作，让"一带一路"成为廉洁之路。⑤ 2017 年 9 月 4 日，习近平主持金砖国家领导人第九次会晤，与会领导人就加强反腐败合作达成重要共识并写入

① 习近平. 在亚太经合组织第二十二次领导人非正式会议上的闭幕词 [N]. 光明日报，2014-11-12 (2).

② 杜尚泽，白阳. 习近平出席二十国集团领导人第九次峰会第二阶段会议 会议宣布中国主办 2016 年二十国集团领导人峰会 [N]. 人民日报，2014-11-17 (1).

③ 杜尚泽，许立群. 习近平出席二十国集团领导人第十次峰会第二阶段会议 阐述中国主办 2016 年峰会总体思路和设想 [EB/OL]. (2004-11-17) [2017-11-06]. http://politics.people.com.cn/n/2015/1117/c1024-27822326.html.

④ 习近平. 在二十国集团领导人杭州峰会上的闭幕词 [EB/OL]. (2016-09-05) [2017-11-08]. http://politics.people.com.cn/n1/2016/0905/c1001-28692951.html.

⑤ 习近平. 要让"一带一路"成为廉洁之路 [EB/OL]. (2016-09-05) [2017-09-09]. http://politics.people.com.cn/GB/n1/2017/0514/c1001-29273731.html.

《金砖国家领导人厦门宣言》。该宣言强调："我们支持加强金砖国家反腐败合作，重申致力于加强对话与经验交流，支持编纂金砖国家反腐败图册"，"我们支持加强资产追回合作"，"我们支持包括通过金砖国家反腐败工作组机制加强国际反腐败合作和追逃追赃工作"。[①]

从 APEC 北京会议、G20 杭州峰会到"一带一路"高峰论坛，再到金砖国家领导人会晤；从《北京反腐败宣言》到《二十国集团反腐败追逃追赃高级原则》，再到金砖国家反腐败图册，我国国际反腐的路径越走越宽，所提出的一系列"中国方案""中国主张"正推进国际反腐败合作向纵深发展，所倡导和推进的国际反腐败新秩序正逐步建立，为拓宽国际反腐败合作格局奠定了坚实的基础。

加强反腐败国际合作也是习近平与国际政要会谈的重要议题。

2014 年 11 月，习近平在与时任加拿大总理哈珀会谈时表示，希望两国在追逃追赃问题上加强合作。同月，习近平分别与时任美国总统的奥巴马和新西兰总理约翰·基举行会谈时表示，中国希望与美国、新西兰就反腐败国际追逃追赃开展合作和对话。

2015 年 1 月印度尼西亚共和国总统佐科·维多多访华，习近平与其就两国反腐败追逃追赃等方面开展务实合作进行了会谈。2015 年 5 月习近平访问俄罗斯，双方签署《中华人民共和国和俄罗斯联邦关于深化全面战略协作伙伴关系、倡导合作共赢的联合声明》，提出中共中央办公厅、中共中央纪委监察部与俄罗斯总统办公厅建立交往合作机制。

2016 年 9 月，习近平会见来华参加 G20 领导人杭州峰会的时任英国首相特蕾莎·梅时表示，中英双方应通过建立执法合作机制，不断深化两国在反腐败国际追逃追赃工作上的合作。

2017 年 4 月，习近平在与时任美国总统唐纳德·特朗普会晤时表示，中国正在全力治理腐败，努力解决各类腐败问题，中方"希

---

① 赵林.《厦门宣言》蕴含成果：反腐败国际合作续写新篇章［EB/OL］.（2017-09-07）［2017-11-08］. http：//www. ccdi. gov. cn/yaowen/201709/t20170907_ 149424. html.

望美方在追逃追赃方面给予中方更多配合”①。2017 年 7 月，习近平与时任德国总理安格拉·多罗特娅·默克尔会谈时表示希望双方“加强在反恐、打击跨国犯罪、国际追逃追赃等方面合作”②。

习近平在党的十九大报告中强调：“不管腐败分子逃到哪里，都要缉拿归案、绳之以法。”

党的十九大以后，习近平在国内国际重大活动中多次就反腐败国际合作和追逃追赃发表重要论述。在习近平的外交努力下，中国政府旗帜鲜明反对腐败，在尊重他国主权基础上，严格根据国际法开展对外反腐败执法合作。通过国际合作将外逃腐败犯罪分子绳之以法，是正义事业、光明之举，得到中国人民充分支持和国际社会普遍赞誉。我国反腐败国际追逃追赃工作与国际组织和相关国家的合作也日益增多。

（2）推进的实际效果。

一是不断扩大“一带一路”参与国追逃、防逃与追赃的政治共识。中国以成功的追逃追赃实践推进反腐败国际合作，使其成为国际社会反腐败的一面旗帜，不断凝聚起打击跨国腐败的政治共识：腐败是人类社会的公敌；打击跨国腐败犯罪、拒绝为腐败犯罪嫌犯和非法资金提供“避风港”，是国际社会应尽的职责。

2017 年 5 月，首届“一带一路”国际合作高峰论坛在北京举行，达成加强反腐败领域合作等多项共识，明确提出将“一带一路”建设成为“廉洁之路”。

2017 年 9 月，金砖国家领导人第九次会晤在厦门举行。与会领导人就加强反腐败合作达成重要共识并写入《金砖国家领导人厦门宣言》。

---

① 陈赟，李忠发，孙浩．习近平：中国正在全力反对腐败，希望美方在追逃追赃方面给予中方更多配合［EB/OL］．（2017-04-08）［2017-06-02］．http：//www．sdjj．gov．cn/tplb/201704/t20170408_ 11246421．htm．

② 习近平同德国总理默克尔举行会谈［N］．光明日报，2017-07-06（1）．

2017 年 11 月，在菲律宾马尼拉举行的第 20 次中国—东盟领导人会议发表了《中国—东盟全面加强反腐败有效合作联合声明》。这是中国—东盟领导人会议首次在反腐败领域发表联合声明，也是党的十九大后我国推动通过的首个反腐败国际合作文件。

2017 年，在积极搭建国际反腐败多层次合作平台的同时，反腐败领域双边外交与合作也在不断加强：与英国、加拿大、澳大利亚、新西兰、西班牙、希腊、瑞典、奥地利、哈萨克斯坦等 20 多个国家反腐败执法部门就追逃追赃工作开展交流与合作；与美国、加拿大、澳大利亚、新西兰分别确定 5 起重点案件开展联合调查，与东南亚、加勒比地区加强对口磋商；与土耳其签署引渡条约；与肯尼亚签署引渡和刑事司法协助条约；与意大利、芬兰等 7 国签署金融情报交换协议；与澳大利亚磋商反腐败执法合作协议。①

2021 年 9 月 9 日，金砖国家领导人第十三次会议将反腐败国际合作行动优先、拒绝腐败避风港、资产返还等反腐败内容纳入《金砖国家领导人第十三次会晤新德里宣言》。

9 月 16 日至 17 日，上海合作组织成员国元首理事会第二十一次会议通过《上海合作组织二十周年杜尚别宣言》，提出“提高联合国在全球反腐败治理中的权威和作用”。

10 月 30 日至 31 日，在二十国集团领导人第十六次峰会上，包括腐败零容忍态度、拒绝腐败避风港、遵守《联合国反腐败公约》等内容被写进《二十国集团领导人罗马峰会宣言》。

11 月 12 日，亚太经合组织第二十八次领导人非正式会议通过《2021 年亚太经合组织领导人宣言》，纳入“拒绝为腐败罪犯及其资产提供避风港”“务实合作”“互学互鉴”等反腐败主张。②

① 王少伟. 国际追逃追赃一刻不停歇：2017 年全面从严治党系列综述之五［N］. 中国纪检监察报，2018-01-12（3）.

② 王卓. 引领反腐败国际合作的中国实践［EB/OL］.［2021-12-09］. https：//www. ccdi. gov. cn/gzdtn/gjhz/202112/t20211209_ 157677. html.

二是不断签署多项追逃、防逃与追赃的双边、多边合作协议。这包括《北京反腐败宣言》，中国和加拿大签署的《关于分享和返还被追缴资产的协定》，以及《亚太经合组织反腐败执法合作网络（ACT-NET）》《二十国集团反腐败追逃追赃高级原则》《二十国集团2017—2018年反腐败行动计划》。其中《二十国集团反腐败追逃追赃高级原则》由我国主要起草，凝聚各方共识，二十国一致通过。这是继《北京反腐败宣言》后我国主导通过的又一份影响深远的反腐败国际文件。

中国的一系列贡献，既赢得了国际社会的认可、点赞与信任，也让国际社会对中国引领反腐败国际合作不断取得胜利与辉煌充满期待。正如博茨瓦纳驻华大使莫图西·帕拉伊所言："中国这么大一个国家，用这么大力度反对腐败，在每个国际场合都积极倡导反腐败国际合作，给了我们很大的信心。中国的反腐败工作不仅对中国重要，对每个国家、组织和个人都是非常有益的。我们希望中国能够充分发挥影响力，带领其他国家投入共同打击腐败的工作中来。"①

**5. 关于加快完善反腐败涉外法律法规的重要论述**

习近平总书记2022年6月17日在十九届中央政治局第四十次集体学习时指出："要完善党内法规体系、国家法律体系，加快完善反腐败涉外法律法规。"

习近平法治思想立足国情又放眼世界，提出了全球治理的中国主张，为世界各国特别是广大发展中国家走适合自己国情的法治道路提供了有益借鉴，为推进世界法治文明进步、推动构建人类命运共同体贡献了中国智慧和中国方案。②

① 王少伟. 国际追逃追赃一刻不停歇：2017年全面从严治党系列综述之五［N］. 中国纪检监察报，2018-01-12（3）.

② 中共最高人民法院党组. 习近平法治思想领航法治中国阔步向前［N］. 人民日报，2021-05-28（13）.

# 二、习近平法治思想是推进反腐败国际立法的根本遵循

## （一）以习近平法治思想推进反腐败国际合作

反腐败追逃追赃工作是在党中央的直接领导下进行的。习近平等党和国家领导人无论在国内还是国外、多边还是双边场合，都主动设置反腐败国际合作议题，讲好中国故事，讲好中国共产党的故事，讲好全面从严治党、惩治腐败的故事。中央反腐败协调小组进一步加强组织协调，各成员单位密切协作，各地方相互协同、健全机制。2016 年，我国政府充分发挥二十国集团反腐败工作组主席国作用，推动杭州峰会通过《二十国集团反腐败追逃追赃高级原则》《二十国集团 2017—2018 年反腐败行动计划》，确立“零容忍、零障碍、零漏洞”国际合作三原则，在华设立反腐败追逃追赃研究中心；强化同美国、加拿大、澳大利亚、新西兰等国双边执法合作机制，加强重大个案执法协作；深入开展“天网行动”，红色通缉令头号嫌犯杨秀珠等重点人员被缉拿归案或投案自首。①

反腐败是全人类共同的任务。我国积极创造国际反腐败的有利环境，既积极参与国际反腐败斗争，努力为人类反腐败的进步事业作出贡献，又认真学习借鉴其他国家反腐败的好做法和成功经验，为我所用。这是党的十八大以来习近平反腐败思想实践的一个重要特点。②

以习近平法治思想为指引，近年来我国大力推进与反腐败相关的国内立法和国际合作。全国人大常委会修改《中华人民共和国刑

① 邵景均. 论习近平反腐败思想与实践［J］. 毛泽东研究，2017（4）：4-11.

② 邵景均. 论习近平反腐败思想与实践［J］. 毛泽东研究，2017（4）：4-11.

事诉讼法》，增设“缺席审判程序”专章，让潜逃在外的腐败分子仍要接受国内法律的审判，对“一逃了之”的侥幸心理产生极大震慑；最高人民法院、最高人民检察院出台违法所得没收程序司法解释，让那些逃匿、死亡的腐败分子的赃款仍会被依法没收；中央纪委国家监委出台《纪检监察机关办理反腐败追逃追赃等涉外案件规定（试行）》，为办案人员执法工作提供指引，健全追讨赃款的工作机制；出台《监察法实施条例》，细化规定引渡、遣返等国际司法执法合作，使得外逃的腐败分子被遣送回国接受审判。

习近平指示，“加大国际追逃追赃力度，推动反腐败的国际合作”①。我国积极履行《联合国反腐败公约》规定的国家义务，并发挥它的主渠道作用，积极参与全球反腐败执法合作网络建设；推动形成《北京反腐败宣言》《二十国集团反腐败追逃追赃高级原则》《廉洁丝绸之路北京倡议》《金砖国家拒绝腐败避风港倡议》等系列国际反腐败文件；推动在国际文件、宣言中写入对腐败零容忍的内容，如在我国的推动下，《二十国集团领导人巴厘岛峰会宣言》“重申对腐败零容忍的承诺，将通过全球反腐败执法合作网络、二十国集团拒绝腐败分子入境执法合作网络等加强国际合作，促进廉洁文化，拒绝为腐败犯罪人员及其资产提供避风港”。追逃追赃的“天网”和紧密编制的“法网”相结合，反腐败法治工作获得长足进展。

## （二）以习近平法治思想推进“一带一路”反腐败规则的制定

习近平站在时代的高度，深刻回答了新时期为什么要把“一带一路”建设成为廉洁之路，以及建设什么、如何建设等一系列重大理论和实践问题。习近平法治思想具有很强的政策指导性、针对性和实践性，是科学且与时俱进的先进理论。

① 习近平谈治国理政：第二卷［M］. 北京：外文出版社，2017：166.

习近平关于廉洁的重要论述和关于加强反腐败国际合作的重要论述，是习近平法治思想的重要组成部分。习近平法治思想是我们推进“一带一路”廉洁规则制定的根本遵循。

掌握了这些重大先进理论和先进思想，也就掌握了新时代推进“一带一路”廉洁规则制定的金钥匙。我们要深刻领会习近平法治思想的内涵要义与时代价值，深刻把握推进“一带一路”廉洁规则制定的重要性和紧迫性，以高度的政治自觉把习近平法治思想融入到“一带一路”廉洁规则制定的全过程各方面，以形成具体的指导思想与立法思路，全面推动立法工作。

在习近平法治思想引领下，我国正在积极构建更加完善的反腐败涉外法律体系，在完善反腐败国家立法的同时，积极参与、推进国际反腐败规则的制定，提出越来越多被国际社会普遍接受的全球治理中国方案。

# 第四章　掌握推进反腐败国际立法的话语权研究

## 一、国际立法原理概述

国际立法，也称“国际造法”，是指国际法主体，包括首要主体国家，通过条约或习惯等方式，制定、承认、修改和废止国际法规范的活动。国际造法过程是每一个具体规则由国际法主体拟定草案、提出、谈判、修改、签署、通过的过程。在这期间，国际合作是最主要的活动形式，所以说，国际立法过程也就是一个国家间合作的过程。但从国际法发展的历史可以看出，发达国家具有广泛的国际影响力和成熟的立法技术，往往在国际造法过程中处于绝对主导地位，可以凭借其国际社会的影响力，在国际立法时推动自己的主张和方案国际法化。[①]

一般而言，国际立法的首要主体是国家。根据《国际法院规约》第 38 条规定，新的国际法规则主要由国家通过订立条约或发展国际习惯法来造法。而无论是条约还是国际习惯，其效力基础均在于各国意志的协调。[②] 因此，国际造法的实质是参与造法的国家协调意志形成共识并体现为具体规则的过程。

---

① 黄志瑾. 国际造法过程中的竞争中立规则：兼论中国的对策［J］. 国际商务研究，2013（3）：56-57.

② 梁西. 梁西论国际法与国际组织五讲：节选集［M］. 北京：法律出版社，2019：10.

国家既是国际法规则的缔造者，也是其约束的对象。国际造法是一个综合、立体的过程，除了国际法的技术性内容外，其背后体现了国际关系与政治的复杂博弈。[①] 在近现代相当长的历史时期中，国际秩序的建立、国际规则的制定、国际法的发展主要由西方列强所主导。[②] 哪怕是二战结束以后的很长时间内，世界格局与国际规则仍然被美、英等西方发达国家所主导。虽然，包括政府间国际组织、非政府组织、跨国企业甚至个人等在内的非国家行为主体自 20 世纪末以来不同程度地参与了国际造法进程，并在国际造法领域发挥了越来越重要的作用，但国家仍然是造法的首要主体。国家主要是通过积极的国家实践深度地影响国际造法进程。[③] 国际立法的步骤如下：

一是有关国际法主体进行议题设置或提出动议。从既有实践来看，新动议进入造法进程既可能来自联合国等政府间国际组织的提议，也可能来自少数关键国家或国家集团的推动。而政府间国际组织是国家间通过协议成立，其运行也依赖于国家间的合作。所以国际造法议题设置实际上是通过特定国家或国家集团的推动并获得其他国家支持而实现的。同时，新兴的国际造法均建立在既有国际法秩序的基础上，需要协调与相关国际法的关系，避免明显违背已确立的相关国际法，导致造法无法开展。[④]

二是有关国际法主体寻找立法的正当性，以求形成共识。因为国际造法的实现有赖于其在制度和程序上具有充分的正当性。正当性一般指对应该遵守某一规则的规范信念。而国际造法的正当性是指

---

① 罗欢欣. 国家在国际造法进程中的角色与功能：以国际海洋法的形成与运作为例［J］. 法学研究，2018，40（4）：53-68.

② 陈奕彤. 海平面上升的国际法挑战与国家实践：以国际造法为视角［J］. 亚太安全与海洋研究，2022（2）：50-67，3.

③ 陈奕彤. 海平面上升的国际法挑战与国家实践：以国际造法为视角［J］. 亚太安全与海洋研究，2022（2）：50-67，3.

④ 王金鹏. 国家管辖范围外海洋保护区国际造法原理与中国方案［J］. 北京理工大学学报（社会科学版），2021（3）：105-115.

对国际法治以及国际制度反映了所有参与者的利益的信念。[①] 只有国际造法具有正当性，国家才会有意愿去遵守造法形成的条约或习惯。首先，国际造法应充分体现所有参与国家的意志，国际造法在制度上的正当性即来源于其具体制度内容体现了参与造法的国家意志的协调。[②] 其次，程序也是国际造法的核心要素之一。正确的程序有助于增强国际造法的正当性，正如有学者指出的"对正当性的看法可能来自制定的内容，但也可能来自其制定程序或来源"[③]。良好的造法程序有助于为各国化解分歧达成共识提供机会，最终保障国际造法的实现。[④]

三是确定约文的过程。即有关国际法主体通过谈判，反复修改，确定法律文本。

四是通过的过程。即供参与缔约的国家开放签署与由其立法机关批准、规则生效的过程。

长期以来，中国始终积极参与国际规则制定。中国是第一个在《联合国宪章》上签字的国家，始终恪守《联合国宪章》宗旨和原则。中国积极参加了《联合国海洋法公约》《生物多样性公约》等重要的条约造法活动。中国也积极参与国际多边主义合作，提出重要主张和举措，相关实践有效地推动了国际习惯的发展。[⑤] 而随着世界大变局深入发展和国际秩序转型过渡，国际法领域的变革、调整、重塑已经开始并将经历一个长期过程。其中的表现之一即各国交流互动

① Boyle A, Chinkin C. The making of international law [M]. Oxford: Oxford University Press, 2007: 24-25.

② 王金鹏. 国家管辖范围外海洋保护区国际造法原理与中国方案 [J]. 北京理工大学学报（社会科学版），2021 (3): 105-115.

③ Hurd I. Legitimacy and authority in international politics [J]. International organization, 1999, 53 (2): 379-408.

④ 王金鹏. 国家管辖范围外海洋保护区国际造法原理与中国方案 [J]. 北京理工大学学报（社会科学版），2021 (3): 105-115.

⑤ 王金鹏. 国家管辖范围外海洋保护区国际造法原理与中国方案 [J]. 北京理工大学学报（社会科学版），2021 (3): 105-115.

乃至竞争博弈的态势愈加明显，急需通过国际合作制定规则。[①]

当今世界正处于百年未有之大变局，国际秩序正在发生着深刻调整。国际法是国际秩序的基础。新兴的国际造法则体现了国际法的发展与变革。在特定时空背景下，特定国家或国家集团倡导设置某一国际造法议题有一定的政治经济原因，也体现了其在国际规则制定中的能力和话语权。中国应借鉴其他国家的经验，逐步提升自身设置国际造法议题的能力。新兴的国际造法应在制度与程序上具有正当性，这是其能获得国际社会认可的基本前提，也是各国遵守造法形成的条约或习惯的必要条件。国际造法的制度正当性就在于其反映国家意志的协调。[②]

中国的和平崛起是当今国际格局深刻调整的突出表现。通过提出中国智慧或中国方案，中国应更有决心在国际造法中发挥更大的影响力。[③]

## 二、国际话语权的基本概念与功能

### （一）关于国际议程设置

国际议程设置是指相关行为主体通过议题形成和议题传播，使议题纳入国际议程并最终实现议题制度化的过程。国际议程设置包含议题形成、议题传播和议题制度化三个步骤：议题形成是指选定待解决的国际问题和制定解决该问题可供选择方案的过程；议题传播

① 杨洁篪. 深刻认识和用好国际法 坚定捍卫国家利益 共同维护世界和平与发展［J］. 求是，2020（20）：24-31.

② 王金鹏. 国家管辖范围外海洋保护区国际造法原理与中国方案［J］. 北京理工大学学报（社会科学版），2021（3）：105-115.

③ Cai C. The rise of China and international law：taking Chinese exceptionalism seriously［M］. Oxford：Oxford University Press，2019.

是指把形成的议题传播到国际社会，使议题纳入国际议程的过程；议题制度化是指已经得到高度关注的国际议题转化成国际制度的过程。国际议程设置权是构建于硬实力基础之上的软权力，是权力的第二张面孔。软权力是“让他者做你希望他们做的事”① 的能力，这种权力主要源自对议程的设置和对世界政治状态结构的塑造。美国政治学者彼得巴克·拉克和莫顿·巴拉茨把体现在可察觉的、具体的决策之中的权力，称为“权力的第一张面孔”，把蕴藏于无形之中的、阻止某些议题进入国际议程的议程设置权，称为“权力的第二张面孔”，从而提出了“权力的两张面孔”的著名论断。②

在国际政治中，由于议程设置是“获取和拓展权力的首要工具”③，因此，对国际议程设置权的争夺便成为国家间权力博弈的重要领域。对于国家行为主体而言，如果能把本国提出的国际议题成功地设置为国际议程并转化为国际制度，那就意味着该国在塑造他国行为方式方面具有了“软权力”④，因此，各国都力图使自己提出的国际议题顺利进入国际议程⑤。但是，由于国际议程本身的承载能力决定了在同一时期内只有少量的议题能够进入国际议程，加之国际议程设置涉及重大的政治利害关系和资源（重新）分配，对国际议程设置权力的争夺必然成为国家间权力博弈的重要领域。⑥

---

① Nye J S Soft power [J]. Foreign Policy, 1990, 80: 153-171.

② Bachrach P , Baratz M. Two faces of power [J]. The American Political Science Review, 1962, 56 (4): 947-952.

③ Livingston S G. The politics of international agenda-setting: Reagan and North-South relations [J]. International Studies Quarterly, 1992, 36 (3): 313-329.

④ 杨慧，刘昌明. “一带一路”倡议与国际制度体系转型：基于国际议程、规则、规范三个维度的分析 [J]. 青海社会科学，2019 (4): 25-32.

⑤ 罗伯特·基欧汉，约瑟夫·奈. 权力与相互依赖 [M]. 北京：北京大学出版社，2002: 34-35.

⑥ 刘文波. 新时代提升中国“一带一路”倡议国际塑造力的进展与路径 [J]. 吉林大学社会科学学报，2020, 60 (5): 151-159, 239.

## （二）国际规则制定权

国际规则有狭义和广义之分：狭义的国际规则是指对国际行为（主要是国家行为）和国际互动有约束力的指令性规定；广义的国际规则，除了指令性规定还包括指导性原则和规范以及各种制度性安排。① 国际规则是国际秩序的基础和支柱，它在规范国家对外行为，调节和缓和国家间的矛盾和冲突，推进国家间的交流、合作与共同发展等方面发挥重要作用。国际规则是决定和影响国际体系运行和发展的重要变量。罗伯特·吉尔平认为，导致国际体系发生变革的变量除了权力分配和威望等级，就是影响国家间互动的一系列权力和规则。②

国际规则深刻影响着世界各国对各自特殊利益的追求，无论从历史还是从现实来看，国际规则历来是霸权国家追求自我特殊利益的工具和手段。霸权国家为了使国际规则更好地实现自己的特殊利益，必然要牢牢控制国际规则的制定权，而非霸权国家则必然致力于争夺国际规则制定权。③ 国际规则制定权之争是国家间利益之争的必然结果。由于国际规则是国际秩序的基础和支柱，是决定和影响国际体系运行和发展的重要变量，它不仅决定和影响国家间的共同利益，而且决定和影响各国的自身利益，因此，国际规则制定权成为决定国际影响力的主要变量。④

---

① 潘忠岐. 广义国际规则的形成、创制与变革［J］. 国际关系研究，2016（5）：3-23，152-153.

② Gilpin R. War and Change in World Politics［M］. Cambridge：Cambridge University Press，1981：42.

③ Vogel S K. Intemational games with national rules：how regulation shapes competition in global markets［J］. Joumal of Public Policy，1997，17（2）：169-193.

④ 刘文波. 新时代提升中国“一带一路”倡议国际塑造力的进展与路径［J］. 吉林大学社会科学学报，2020，60（5）：151-159，239.

## （三）国际话语权[①]

国际话语权是指国际话语主体围绕国际议题，以官方外交为主，借助媒体传播、民间外交、文化交流等其他渠道，在国际社会参与国际议程设置及国际规则制定，发表意见，传播价值观念，对国际事件进行描述、解释、评价等的权利和权力。

由于国际话语权是国家软权力的重要组成部分，是一个国家在国际体系权力结构中地位的体现，是衡量一个国家实力、国际影响力、感召力和塑造力的重要指标，它不仅可以塑造国际话语主体自身的国际形象，而且通过影响和改变国际议程设置和国际规则制定的进程、重构其他国际行为主体的认知和行为，来重塑国际体系和国际秩序，因此，国际话语权是决定和影响国际塑造力的重要变量。[②]

20 世纪 80 年代以后，随着国内改革开放政策的深入推进，中国也越来越开放，中国的国家利益越来越扩展到世界各地。

然而，随着中国综合国力的不断增强，中国的国际话语权和影响力却并没有同步得到相应的提升，这与中国越来越跃进的国际地位很不相称，尤其是当中国一跃为全球第二大经济体后，这种现象、矛盾也越来越突出。这也限制了中国进一步拓展和维护自身在世界各地的利益。因此，国际形势的不断变化势必要求中国加快自身全球话语能力的建设，提升中国的国际话语权，从而更好地维护国家利益。[③]

---

① 据不完全统计，“国际话语权”概念大约是出现在冷战时期。用来表达一个国家在国际社会的影响力、支配权以及地位，是国家综合实力的象征。其时，实力是国际话语权的基础。国家强大，就有话语权；国家弱小，就缺少话语权。正所谓“谁有实力谁说话”。随着冷战的终结以及全球化浪潮的到来，国际话语权的以实力为基础的本质并没有变化。

② 刘文波. 新时代提升中国“一带一路”倡议国际塑造力的进展与路径［J］. 吉林大学社会科学学报，2020，60（5）：151-159，239.

③ 李昱昊. 从表达权利的争取到参与能力的提升：二战以来中国国际话语权的历史考察［D］. 郑州：河南大学，2019.

这是时代的要求与现实的需要。这种情况也反映到了理论界。近年来，中国学界在中国国际话语权问题上的研究也开始增多。关于国际话语权的定义，已有不少学者从不同视角进行了界定。

梁凯音认为“国际话语权指以国家利益为核心，就社会发展事务和国家事务等发表意见的权利，而这些事务是与国际环境密切相连的，并体现了知情、表达和参与权利的综合运用。就其内涵而言，这一话语权就是对国际事务、国际事件的定义权，对各种国际标准和游戏规则的制定权以及对是非曲直的评议权、裁判权”。①

张国祚认为“话语权就是说话权、发言权，亦即说话和发言的资格和权力。这样的话语权往往同人们争取经济、政治、文化、社会地位和权益的话语表达密切相关……主要是指关系国家生死存亡的意识形态主导权”。②

张志洲则认为“话语权的本质不是‘权利’，而是‘权力’。换言之，话语权不是指是否有说话的权利，而是指通过语言来运用和体现权力……它在本质上反映的是一种国际政治权力关系……国际话语权的背后必然是国际行为体间的利益关系，国际话语权之争归根到底就是国家利益的博弈”。③ 国际政治日益成为一种“话语权政治”。④

张铭清认为，国际话语权是指通过话语传播影响舆论，塑造国家形象和主导国际事务的能力，属于软实力范畴。⑤

徐希燕认为，国际话语权，指的是以国家利益为中心，就国际事务以及国家事务发表意见的权利，它是一国对国际规则、国际标准的

① 梁凯音. 论国际话语权与中国拓展国际话语权的新思路［J］. 当代世界与社会主义，2009（3）：110-113.

② 张国祚. 关于“话语权”的几点思考［J］. 求是，2009（9）：43-46.

③ 张志洲. 中国国际话语权的困局与出路［J］. 绿叶，2009（5）：76-83.

④ 张志洲. 话语质量：提升国际话语权的关键［J］. 红旗文稿，2010（14）：22-24.

⑤ 张铭清. 文化软实力的重要指标：话语权［C］//张国祚. 文化软实力蓝皮书：中国文化软实力研究报告（2010），北京：社会科学文献出版社，2011：164-169.

制定权的反映，也体现了该国对国际事务的评议和批判。①

陈正良等认为，国际话语权内含了一国对国际议程的设置能力、政治操作能力、对国际舆论的主导控制能力与理念贡献能力，对国际事务或国际事件的定义、各种国际标准和游戏规则的制定上的影响能力，以及对国际事务的主导权、市场定价权与利益分配权等，其所涉及的内容包括政治、经济、军事、文化、外交、传媒等多个方面，本质上体现的是一国在国际社会权力结构中的地位影响力，是一国软实力的重要组成部分。②

邓纯余、徐柏才认为：国际话语权是指国际行为体通过设置话语议题、赋予话语意义、解释话语规则来阐释自身对国际事务、国际问题的认识和观点，并由此影响、改变其他国际行为体的地位和影响力。③

徐国亮认为：国际话语权实质上反映的是一个国家在国际社会权力结构中的地位和影响力。④

叶淑兰认为：国际话语权具体体现为国际话语的议题设置力、传播辐射力、理念引领力、形象影响力、方案贡献力以及制度创设力等方面。议题设置力体现为国际话语进入国际社会议题，为国外受众所听闻，引起国际社会关注以及反议题设置的能力。传播辐射力体现为国际媒体品牌化发展水平，分众化、精准化、在地化传播的能力以及协同发声辐射国际社会的能力。理念引领力体现为外交原则理念被国际社会响应、认同并写入国际文件中所产生的引领能力。形象影响力体现为影响国际社会对中国形象认同度与亲近度的能力。方案贡

① 徐希燕．“一带一路”与未来中国［M］．北京：中国社会科学出版社，2016：146.

② 陈正良，周婕，李包庚．国际话语权本质析论：兼论中国在提升国际话语权上的应有作为［J］．浙江社会科学，2014（7）：78-83，158.

③ 邓纯余，徐柏才．论当代中国价值观念的国际话语权［J］．马克思主义与现实，2017（6）：141-148.

④ 徐国亮．提升中国国际话语权的深刻意蕴与重要意义［J］．人民论坛，2021（31）：12-16.

献力体现为中国政府向国际社会倡议与实施中国方案的能力，而制度创设力则体现为中国创设相关国际机制与规则的能力。议题设置力与传播辐射力涉及国际话语是否被听闻，理念引领力与形象影响力涉及话语是否被认同，而方案贡献力与制度创设力则涉及话语是否被实践的问题。①

左凤荣、刘勇认为，制度性话语权反映的是一个国家在国际机制中的地位与作用，直接决定了一个国家在国际制度中的代表权、发言权、投票权等具体权利。②

掌握了话语权就意味着在国际社会中获得了主动权。掌握国际话语权不仅能够对国际社会发生的事件进行定义和解释说明，而且还能通过主导、控制国际事务和国际舆论的发展，对国际议题进行设定，制定和影响国际规则，提出理念和倡议。以美国为首的西方国家不仅有着超强的政治、经济和军事力量，更是依靠掌控国际话语权或可以说是话语霸权，在当今世界格局中长期保持强势地位。

从理论上看，话语权包含国际议题设置能力和传播能力。在现实国际关系中，国际议题设置能力和话语传播能力强的国家，往往更能塑造和引导舆论，掌握话语主动权。③

这些学者们的定义，有助于我们进一步把握国际话语权的含义。

在本书中，笔者把国际话语权的运用主要界定在国际立法权或国际规则制定权的掌握、控制范围内，即掌握了国际话语权就控制了国际立法主导权和国际规则制定主导权。

强者制定规则，强者可以自己决定何时修改规则。这就是国际社会中规则制定的铁律与现实。这个强者是掌握国际话语权的强者，是掌握了规则制定权的强者。

---

① 叶淑兰. 中国国际话语权建设：成就、挑战与深化路径［J］. 国际问题研究，2021（4）：26-41.

② 左凤荣，刘勇. 发达国家在国际话语权建设方面的主要经验［J］. 中国浦东干部学院学报，2020，14（1），24-29.

③ 傅莹. 在讲好中国故事中提升话语权［N］. 人民日报，2020-04-02（9）.

拥有强大的国际话语权就意味着能在国际制度的创设、国际规则的制定以及国际舆论的发展中拥有一定的主导权，也能在国际政治的权力较量中更好地维护本国利益。

## 三、中国探索提升国际话语权的历史演进概述

当前，世界正处于大发展大变革大调整时期，国际竞争也日趋激烈，中国的国际话语权意识也在不断增强。积极参与国际事务，主动设置国际议题，参与国际规则的制定，发起和创建新型国际组织和国际机制……这一系列的战略举措，大大增强了中国的国际话语权，中国逐步成为当今国际社会重要的参与者、建设者、贡献者和改革者。①

近百年来，一些西方国家凭借武力在国际规则制定中占据主导地位。而近代以来的中国积贫积弱，封闭落后，常被人骂为“东亚病夫”，在国际社会毫无话语权可言。从 20 世纪 70 年代，中国成为联合国安理会五大常任理事国开始，中国国力不断增强，逐步争取到一些为第三世界代言的话语表达权利。

改革开放后，中国选择融入国际社会，加入了越来越多的国际组织。由于多数国际规则的制定已经由西方国家主导完成，作为后来者的中国往往要通过对既有国际规则的认同来参与国际治理。20 世纪 90 年代以来，中国在国际制度的创建和国际规则的制定上产生了日益重要的影响。

党的十八大以来，习近平提出的构建人类命运共同体、构建新型国际关系、正确的义利观、共商共建共享的原则、捍卫现行国际秩序

---

① 李昱昊. 从表达权利的争取到参与能力的提升：二战以来中国国际话语权的历史考察［D］. 郑州：河南大学，2019.

等新理念，提升了中国的国际话语权，使中国在国际舆论界占有道义优势。[①] 进入新时代，中国积极运用国际规则，参与国际规则制定。亚投行、金砖国家新开发银行的设立及正常运营，得到国际社会高度肯定；“一带一路”倡议，得到大多数国家积极响应；在应对气候变化等领域，中国与其他国家一起推进国际规则制定，使其朝着更加公正合理的方向发展，中国成为《巴黎协定》达成的重要一环，在推动净零排放等方面正在发挥重要作用。[②]

但我们也要清醒地认识到，中国深度融入国际社会，参与国际话语权的大国博弈只是近几年的事情，我们的经验还很不够。[③] 另外，从中国的国际地位来看，中国在国际社会中的话语分量还远远不够。[④]

## 四、“一带一路”建设与中国国际话语权的提升

### （一）“一带一路”建设给中国掌握国际规则制定权带来了契机

“一带一路”对于中国和世界都具有举足轻重的作用。一方面，“一带一路”开辟了世界发展的新路径，其包容性的核心精神将世界平等地连接在一起；另一方面，“一带一路”重塑经济全球化话语权。西方主导的经济全球化充斥着不合理、不公正的国际规则和国际秩序，“一带一路”凭借其共商共建共享的构建原则开创了合作共赢

① 左凤荣，刘勇. 发达国家在国际话语权建设方面的主要经验［J］. 中国浦东干部学院学报，2020，14（1）：24-29.

② 韩亚栋，薛鹏. 中国不是谁想制裁就制裁［N］. 中国纪检监察报，2021-06-11（4）.

③ 左凤荣，刘勇. 发达国家在国际话语权建设方面的主要经验［J］. 中国浦东干部学院学报，2020，14（1）：24-29.

④ 范红燕. 美国国际话语权的赢取及对中国的启示［D］. 秦皇岛：燕山大学，2013.

的新型国家关系，给中国掌握制度性国际话语权和结构性国家话语权带来了契机。①

## （二）“一带一路”建设对中国推进国际规则重构的重要性

“一带一路”建设是中国面临新的国际经贸规则重塑形势的现实选择，它为中国对外经贸交往提供了更多合作伙伴，也为增强中国对外经济影响力创造了可能，更为参与重塑适合中国利益的国际经贸规则提供了具体路径，对中国未来参与全球经济治理，改善现有国际经贸规则具有十分重要的战略意义。②

## （三）提升中国国际规则制定权的路径选择

美国的国际话语权并不是其国家实力的自然延伸，而是美国政府部门、学术界、传播媒体等从政策议程、学术议程和媒体议程三个方面，主动和有意识塑造的结果。③

随着中国日益走近世界舞台中央，越来越多的国家和国际人士愿意了解中国、客观看待中国，探究中国取得巨大成就的原因。中国声音随着自身影响力的增长而不断扩大。不过，总体上看，“西强我弱”的舆论格局还没有完全打破，我们在国际舆论场上的话语权和影响力仍有待提高。同时，我们对已经拥有的话语权运用还不够充分。④

当今世界正经历百年未有之大变局，这就更要求中国必须发挥大国的作用，掌握国际话语权，推进国际规则的制定。

---

① 王义桅.“一带一路”：重塑经济全球化话语权［J］. 红旗文稿，2016（21）：33-36.

② 刘威.“一带一路”倡议与中国参与国际经贸规则重塑［J］. 学习与实践，2017（9）：5-12.

③ 李新烽，冯峰，张萍. 美国新生大国转型期的国际话语权建构［J］. 世界经济与政治，2018（7）：69-91，158-159.

④ 傅莹. 在讲好中国故事中提升话语权［N］. 人民日报，2020-04-02（9）.

# 五、提升并掌握反腐败国际立法话语权的内容、途径与策略

2021年5月31日，在主持十九届中央政治局第三十次集体学习时，习近平在深刻分析世界发展态势和国际格局变化的基础上，用“五个力”阐明了提升中国国际话语权的主要内容，强调要“着力提高国际传播影响力、中华文化感召力、中国形象亲和力、中国话语说服力、国际舆论引导力”。[①]

习近平在不同的场合、不同领域强调要讲好中国故事。讲好中国故事能提升中国形象的亲和力，拉近中国与世界各国的距离，化解西方话语霸权给中国恶意冠上的错误形象，打破世界各国对中国形象的刻板性、片面性、偏见性、错误性认识，让世界各国知道中国不仅是为中国人民谋幸福的国家，还是积极为人类幸福作贡献的大国，让中国话语得到世界各国的广泛认同。[②]

习近平关于提升中国国际话语权的重要论述不仅阐明了提升中国国际话语权的重大价值和深刻内涵，还指明了提升中国国际话语权的具体方法。总的来说，习近平关于提升中国国际话语权的重要论述坚持了系统思维，以综合施策的原则阐述了提升中国国际话语权的多维路径。

## （一）带有反腐败内容的国际话语权的提升

为提升国际话语权，需要争取和把握国际议程设置的优先权和

① 习近平. 加强和改进国际传播工作，展示真实立体全面的中国［N］. 人民日报，2021-06-02（1）.

② 徐国亮. 提升中国国际话语权的深刻意蕴与重要意义［J］. 人民论坛，2021（31）：12-16.

主动权，主动设置敏感性、显著性、针对性强的国际议题，抢占舆论先机。

党的十八大以来，中国通过领导人出访、高峰论坛、主场外交、在国外发表署名文章、例行记者会、媒体吹风会、中外智库媒体论坛等渠道和平台及时发布权威信息，讲述中国故事，阐发中国精神，尽可能多地创造国际议程设置机会，积极为国际社会设置议题。联合国、上海合作组织、金砖国家会议、二十国集团等多边国际机制成为中国展示和阐述全球腐败治理观等理念而进行国际议题设置的重要场所。中国概念，广泛地为国际媒体和国际公众设置报道和讨论的议题，为新时代中国国际话语权的生成和提升奠定舆论基础。①

国际话语权的提升在根本上取决于国家价值观能否被对象国或目标国受众及国际社会所理解和接受。中国所倡导的“人类命运共同体”理念表达出一种超越种族、国界、文化、宗教信仰和意识形态界限而将国家利益与人类公共利益融为一体的共同价值，因而，它有望成为一套具有最大公共性和共识性而最能为全人类所共情、共享、共用的全球公共话语。中国话语在世界范围内得以广泛传播，得到普遍认同，并被越来越多的国家所实践。中国因此赢得了全球腐败治理体系的话语权，进而进一步争取到全球治理体系的话语权。②

## （二）掌握讲好中国反腐败与反腐败立法故事的国际传播方法

习近平明确指出，要“运用议题和议程设置主动权，打造亮点，突出特色，开出气势，形成声势”。因此，一方面，要依托已有的“一带一路”倡议和人类命运共同体建设继续面向世界开设议题，加

① 雷跃捷，李智．西方世界开启了“后冷战时代”以来“价值观新冷战”铁幕：提升后疫情时代中国国际话语权［N］．北京日报，2022-06-13（11）．

② 雷跃捷，李智．西方世界开启了“后冷战时代”以来“价值观新冷战”铁幕：提升后疫情时代中国国际话语权［N］．北京日报，2022-06-13（11）．

强对中国共产党的宣传阐释，让世界更好地认识中国、认同中国、支持中国。另一方面，要围绕全球腐败治理的热点话题，积极参与世界性的反腐败国际合作等全球问题，并主动开设世界性议题，借助国际合作交流的平台为人类发展问题作出中国贡献，提升中国在国际社会上的影响力，以此扩大中国的国际话语空间，提升中国国际话语权。①

把中国的反腐成果与反腐经验传递到国际上去，要让世界人民感知感受到中国反腐释放出来的红利。也就是说要形成一种广泛的国际共识，要通过反腐来树立中国清正廉明的国际形象，来提升中国的国际地位和影响力。从这个意义而言，增强反腐国际话语权，更具有深远的战略寓意。②

主动发声，讲好中国共产党坚决惩治腐败的故事，向全世界阐述中国共产党和中国政府反腐败主张；有组织、有计划地做好对外传播，在国际舞台上主动发声，积极宣传我国反腐败斗争取得的成效。

首先我们要学会用国际话语体系来重新梳理和编辑反腐故事，学会和掌握国外的宣传方式。③ 党的二十大报告提出：“加强国际传播能力建设，全面提升国际传播效能，形成同我国综合国力和国际地位相匹配的国际话语权。”

我们要深入学习贯彻党的二十大精神，加强中国反腐败与反腐败立法的国际传播，讲好中国推进反腐败国际立法的故事，向世界充分展现中国推进反腐败国际立法的信心与能力，不断增强反腐败国际立法的影响力与话语权。

新时代，我们要认真学习、深入理解习近平法治思想，不断推进

① 徐国亮. 提升中国国际话语权的深刻意蕴与重要意义［J］. 人民论坛，2021（31）：12-16.

② 张继. 增强反腐“国际话语权”是一盘大棋［EB/OL］.（2016-06-04）［2017-06-02］. http：//www. 71. cn/2016/0614/894670. shtml.

③ 张继. 增强反腐“国际话语权”是一盘大棋［EB/OL］.（2016-06-04）［2017-06-02］. http：//www. 71. cn/2016/0614/894670. shtml.

中国反腐败国家立法的对外传播工作，为实现提高反腐败国际话语权、推进反腐败国际立法而共同努力。

### （三）反腐败国际规则制定权的牢牢把握与成功运用

#### 1. 近年来中国推进反腐败国际合作的生动实践

党的十八大以来，中国共产党勇于面对西方发达国家长期掌控反腐败话语权的局面，紧紧围绕发展中国家亟待解决的国际追逃追赃主题设置议题与议程，并主动提出一系列反腐败国际合作倡议，推动构建国际反腐新秩序。①

（1）利用 APEC 平台制定《北京反腐败宣言》。

2014 年，在 APEC《北京反腐败宣言》中，中国第一次以国际文件的形式明确提出加强反腐败追逃追赃等务实合作的中国主张。经过几年带头实践，中国开展的国际追逃追赃工作取得举世瞩目的成绩，所倡议的反腐败追逃追赃国际合作也得到了国际社会的广泛认可和道义支持。

（2）利用 G20 杭州峰会制定《二十国集团反腐败追逃追赃高级原则》等反腐败国际规则。

G20 是一个重要的国际经济合作论坛。中国利用 G20 这一国际合作平台，求同存异、谋求共识，引领反腐败国际合作。

2016 年 9 月 5 日，二十国集团（G20）杭州峰会成功召开。作为本次峰会的轮值主席国，中国对 G20 乃至世界贡献出一系列事关全球经济社会发展的中国方案。反腐败国际合作就是其中之一。杭州峰会通过的《二十国集团反腐败追逃追赃高级原则》、在华设立 G20 反腐败追逃追赃研究中心、《二十国集团 2017—2018 年反腐败行动计

---

① 滕抒. 引领反腐败国际合作的“中国方案”：从北京反腐败宣言到 G20 反腐败行动[J]. 中国纪检监察，2016（18）：35.

划》等重要成果，成为中国推进反腐败国际合作与立法的生动实践。

（3）利用“一带一路”建设平台制定《廉洁丝绸之路北京倡议》等反腐败国际规则。

2017年，中国国家主席习近平在第一届“一带一路”国际合作高峰论坛的主旨演讲中提出，要把“一带一路”建设成为“廉洁之路”。

2019年4月25日，中国国家主席习近平在第二届“一带一路”国际合作高峰论坛的主旨演讲中指出，要坚持开放、绿色、廉洁的理念，坚持一切合作都在阳光下运作，共同以“零容忍”态度打击腐败，共建风清气正的丝绸之路。①

在4月25日举行的第二届“一带一路”国际合作高峰论坛廉洁丝绸之路分论坛上，中国与有关国家、国际组织以及工商学术界代表共同发起了《廉洁丝绸之路北京倡议》。该倡议内容包括，呼吁各方加强对“一带一路”合作项目的监督管理，规范公共资源交易，在项目招投标、施工建设、运营管理等过程中严格遵守相关法律法规，努力消除权力寻租空间，打造规范化、法治化营商环境；倡议各方增强政府信息公开透明，积极预防和妥善解决贸易、投资中的有关争端，推进金融、税收、知识产权、环境保护等领域合作，为共建“一带一路”构建稳定、公平、透明的规则和治理框架。此外，该倡议还鼓励各方加强反腐败相关机构人员交流、信息沟通和经验分享，促进能力建设和人才培养，在反腐败追逃追赃、反贿赂等领域开展全天候、多层次、高效能的合作，拒绝成为腐败人员和腐败资产的避风港。②

（4）利用金砖国家反腐败平台制定《金砖国家反腐败部长级会

① 习近平．习近平在第二届“一带一路”国际合作高峰论坛开幕式上的主旨演讲（全文实录）［EB/OL］．（2019-04-26）［2020-03-15］．http：//cpc．people．com．cn/n1/2019/0426/c64094-31052388．html．

② 陈沁涵．“一带一路”廉洁丝绸之路分论坛发起“北京倡议”［N］．新京报，2019-04-25．

议公报》等反腐败国际规则。

当前，金砖国家是世界增长的重要引擎。推进金砖国家反腐败国际合作，不仅为深化反腐败全球治理作出了重要贡献，对促进世界经济持续健康发展也将发挥重要作用。[①]

金砖国家机制成立于2006年，成为新兴市场国家和发展中国家合作的重要平台。

2013年，反腐败合作列入金砖国家领导人第五次会晤成果文件中，成为金砖国家共同探讨的新合作领域之一。

2015年，金砖国家领导人第七次会晤在俄罗斯乌法举行并通过《乌法宣言》，一致同意正式成立金砖国家反腐败工作组。成立金砖国家反腐败工作组，旨在落实金砖国家领导人达成的反腐败共识，开展反腐败经验交流与务实合作。反腐败工作组是金砖国家合作机制下设的专业领域工作组之一，每年召开2至3次工作组会议。

2016年6月，金砖国家反腐败工作组召开首次会议。

2017年、2022年，中国两次担任金砖国家合作机制轮值主席国。中央纪委国家监委承担金砖国家反腐败工作组主席工作。中央纪委国家监委代表中方参与金砖国家反腐败合作，积极设置议题，推动金砖国家在拒绝腐败避风港、反腐败追逃追赃等领域开展合作。金砖国家领导人就加强反腐败国际合作达成新的重要共识，充分反映了中方担任工作组主席所达成的系列成果。

2017年9月，在中国的主导下，金砖国家领导人在厦门举行第九次会晤并发表宣言，表示支持加强资产追回合作，支持包括通过金砖国家反腐败工作组机制加强国际反腐败合作和追逃追赃工作。[②]

2022年5月26日，国家监察委员会以线上方式召开了金砖国家

① 王卓. 合作更紧密 行动更有力［N］. 中国纪检监察报，2018-07-29（1）.

② 2017年的《厦门宣言》强调："腐败对可持续发展带来负面影响"，"腐败资产非法流动危害金砖国家经济发展和金融稳定，我们支持加强资产追回合作"。王卓. 合作更紧密 行动更有力［N］. 中国纪检监察报，2018-07-29（1）.

“反腐败促进经济发展”研讨会。来自金砖国家政府、企业、学界及相关国际组织的60余位代表在线参会。围绕公共部门反腐败保障经济发展、企业廉洁经营助力经济发展、廉洁文化建设营造经济发展良好环境等议题开展研讨。与会各方一致认为，反腐败维护公平正义，有利于经济持续健康发展。金砖各国发展阶段相似，都面临治理腐败和发展经济的重要任务。金砖国家将进一步加强反腐败促进经济发展方面的互学互鉴，不断完善合作机制，为全球反腐败治理贡献金砖力量。此次研讨会是中方2022年担任金砖国家反腐败工作组轮值主席开展的一项主题活动。①

2022年6月23日至24日，金砖国家领导人第十四次会晤以视频方式举行。习近平主持会晤并发表重要讲话。会晤通过并发表《金砖国家领导人第十四次会晤北京宣言》《金砖国家拒绝腐败避风港倡议》等重要反腐败成果。

2022年7月13日，金砖国家首次反腐败部长级会议以视频形式举行。会议通过了《金砖国家反腐败部长级会议公报》。这是金砖国家深化反腐败务实合作的又一项重要举措，再次向金砖各国人民和

① 王卓. 金砖国家“反腐败促进经济发展”研讨会召开［EB/OL］.（2022-05-27）. https://www.ccdi.gov.cn/toutiaon/202205/t20220527_195295.html.

国际社会彰显携手打击腐败的坚定决心。①

近年来，在中国的提议和推动下，金砖国家致力于反腐败合作机制的建设。中国在工作组框架下的合作中发挥着主导作用，推动金砖国家反腐败合作不断深化，合作网络越织越密。“中国的反腐是公正的，是面向所有需要监督的人员，是‘无禁区、全覆盖、零容忍’的。”巴西坎皮纳斯州立大学金砖项目负责人布鲁诺·孔蒂认为，中国的反腐败不仅有利于提升中国的国际形象，也为其他国家的反腐提供了一个很好的学习样本。②

① 《金砖国家反腐败部长级会议公报》：“1. 我们，金砖国家负责反腐败事务的部长们，在中国担任金砖国家主席国期间，于 2022 年 7 月 13 日齐聚一堂，讨论如何通过各自和集体的努力应对腐败挑战，为全球反腐败治理贡献力量。2. 我们认识到，腐败破坏公平正义，妨碍经济可持续发展。在经济全球化背景下，腐败和非法资金流动损害公共资源的公平分配，破坏全球金融体系廉洁。我们认为，反腐败有助于促进经济发展，打击跨境腐败需要各方坚持多边主义，共同努力开展实际行动。3. 我们赞赏金砖国家始终秉持协商一致精神，在平等互利、互学互鉴基础上，开展卓有成效的反腐败合作。自 2015 年金砖国家领导人一致决定建立金砖国家反腐败工作组以来，在历届主席领导下，工作组有力促进了金砖国家反腐败交流与合作。4. 我们致力于促进公共部门廉洁，交流各自在制定和落实国家反腐败战略方面的良好经验做法。我们将探索有效途径，预防和打击一切形式的腐败和贿赂，为经济社会发展和改善人民福祉营造法治化、规范化的良好环境。我们将加强国内反腐败机构的信息共享和协同配合，并为相关机构提供必要的资源和支持。我们欢迎 2022 年 5 月 26 日召开的金砖国家‘反腐败促进经济发展’研讨会。5. 我们重视私营部门廉洁，鼓励企业遵守反腐败法律并建立合规和内控机制。我们将加大国内反腐败和反贿赂执法力度，并在必要时完善国内相关法律框架，努力确保涉及腐败行为的企业，包括在各自管辖区经营的跨国企业，依法受到刑事或非刑事处罚。6. 我们将认真履行反腐败国际义务与承诺，重视《联合国反腐败公约》作为全球适用的法律框架，在打击腐败、追回被盗资产、拒绝腐败避风港等反腐败国际合作中发挥法律基础作用。我们欢迎通过《金砖国家拒绝腐败避风港倡议》。7. 我们将在遵守各国法律和国际法基本原则的前提下，积极开展反腐败国际执法合作。我们将根据各自法律，积极处理资产返还相关刑事、民事和行政事项请求，严惩腐败分子，追缴腐败资产。8. 我们以资产返还合作为重点，将努力促进联合国等框架下相关国际合作。我们将积极防止腐败资产跨境转移，有效落实金融行动特别工作组关于反洗钱和反恐怖融资相关标准，打击恐怖主义融资、腐败等犯罪。我们将加强合作，让非法所得物归原主，消除资产返还过程中不合理的行政障碍。我们重申，资产流出国是唯一有权管理和使用返还资产的主体。9. 我们认为，反腐败教育培训对有效预防和打击腐败具有积极作用。我们赞赏金砖国家迄今开展的反腐败教育培训项目，将继续在该领域加强合作，加强金砖各国反腐败能力建设，提高全社会反腐败意识。10. 我们将致力于在共商共建基础上，进一步加强金砖国家反腐败经验交流和信息共享，并积极拓展更多反腐败合作领域。”中央纪委国家监委网站，(2022-07-13). https://www.ccdi.gov.cn/toutiaon/202207/t20220713_204873.html.

② 王卓. 合作更紧密 行动更有力［N］. 中国纪检监察报，2018-07-29 (1).

**2. 中国推进反腐败国际立法的规划与蓝图**

从 APEC 到 G20，再到“一带一路”倡议和建设，到金砖国家反腐败部长级会议；从《北京反腐败宣言》到《二十国集团反腐败追逃追赃高级原则》，再到《北京倡议》《金砖国家反腐败部长级会议公报》；从提出“让‘一带一路’成为廉洁之路”，到《廉洁丝绸之路北京倡议》《中国—东盟全面加强反腐败有效合作联合声明》，中国秉持主动开放、合作共赢理念，主动设置反腐败国际合作议题，积极搭建国际交流合作平台，为推动构建国际反腐败合作新机制贡献了中国智慧、提供了中国方案，得到国际社会特别是金砖国家的积极响应、广泛参与。[①] 中国在倡导和推进国际反腐败新秩序建立的道路上一步步迈出了坚实的步伐。

下一步，就必须以中国—东盟区域反腐败规则制定与“一带一路”廉洁与反腐败规则制定为契机，推进区域性反腐败国际立法与推进全球性反腐败国际立法。

中国推进与主导反腐败国际立法的未来一定可期。

① 王卓. 合作更紧密 行动更有力［N］. 中国纪检监察报，2018-07-29（1）.

# 第五章　推进区域性反腐败立法研究：以中国—东盟区域反腐败统一规则制定为例

2013年，习近平提出共建“丝绸之路经济带”和“21世纪海上丝绸之路”，立即得到了广大“一带一路”沿线国家与地区的响应。“一带一路”倡议也很快成为联合国倡议。“一带一路”倡议不仅为沿线国家与地区带来了共商、共建、共享的合作与发展的新模式，为沿线国家与地区的经济与社会发展提供了更多机遇，也带来了“人类命运共同体”的理念，更带来了人类对未来发展的新期盼。

十年来，“一带一路”建设取得了令世界瞩目的成绩。中国—东盟区域是“一带一路”建设的重要区域之一，[①] 同样取得了丰硕成果。

2020年以来，中国已连续十三年成为东盟第一大贸易伙伴，中国在东盟的累计投资额也已突破了3500亿美元。目前，中国和东盟互为最大规模的贸易伙伴、最具活力的合作伙伴、最富内涵的战略伙伴，为十一国20多亿人民带来了巨大利益。中国—东盟关系已成为亚太区域合作中最为成功和最具活力的样板，成为推动构建人类命运共同体的生动例证。[②]

---

① “一带一路”经济区域大致包括东亚蒙古、东盟十国、西亚十八国、南亚八国、中亚五国、独联体七国、中东欧十六国。其中，东盟十国经济发展最快，与中国文化趋同性强，发展模式、市场结构和金融体系比较相似，且融合度较高，加上其极其重要的地缘政治地位和地理要塞位置，东盟十国无疑是“一带一路”建设最关键的环节。

② 王文天. 推动构建更加紧密的中柬及中国—东盟命运共同体［EB/OL］.（2022-11-09）. http：//www. gov. cn/xinwen/2022-11/09/content_ 5725632. htm.

但巨额贸易往来也会带来潜在的跨国腐败风险，中国与东盟国家在反腐败领域密切合作，推进反腐败合作规则的完善，无疑是题中应有之义。

近年来，中国与东盟国家在投资、贸易、金融监管、政府采购等领域展开了一系列反腐败合作，助力廉洁丝绸之路建设，成效显著。

十年磨一剑。是到了思考、总结中国—东盟区域反腐败统一规则制定问题的时候了。由于反腐败规则涵盖面广，在此，我们仅以投资、贸易、金融监管、政府采购等领域为中心展开我们的研究。

希望通过推进与主导中国—东盟区域反腐败统一规则的制定，为我国争取更多的国际话语权，更好地服务中国—东盟经贸合作，更好地服务“一带一路”建设。

# 一、“一带一路”建设背景下中国—东盟经贸合作面临的多元挑战

在“一带一路”建设高歌猛进的过程中，难免会遇到各种各样的挑战。当下，中国—东盟经贸合作就遭遇来自多方面的挑战。

## （一）西方国家地缘政治引发的挑战

学者刘敬东有言：“近年来，日益加剧的地缘政治冲突的影响已不限于对跨国贸易、投资活动产生政治性干扰，更突出体现为对现行国际贸易投资规则体系的冲击。”“一些西方国家和学者提出了多边贸易规则‘过时论’，且反复在政府声明、多边场合及智库报告中提及。在这些国家和学者看来，现行多边贸易规则已不能有效约束一些国家行为，导致全球市场扭曲和严重‘不公平’，因此，必须打破现

有多边贸易规则体系并予以重塑。”①

然而，经济全球化是不可逆转的历史潮流。对于现行的世界贸易体系来说，只有有效维护多边贸易体制，认真遵守多边规则，才能根本保证全球经济的繁荣发展。只有国际社会不断加强合作，共同维护国际贸易规则的权威性和有效性，才能推动国际经济秩序朝着更加公正合理的方向发展。因而，我们必须警惕一些西方国家由于地缘政治因素而肆意冲击、破坏国际贸易投资规则体系。

更有甚者，近年来，一些西方国家常常将反腐败作为干涉发展中国家内政的口实，使反腐败事业步入歧途。② 美国更是经常打着反腐败的幌子，运用长臂管辖，从打压、欺凌中国经济和中国企业开始，不断把大棒挥向它看不顺眼的国家与地区，其本质是美国以反腐败和保护国家安全为名，行贸易保护之实肆意破坏多边贸易体系。

2021 年 12 月 9 日，在美国一手策划的线上“民主峰会”上，国务卿布林肯宣布将在美国国务院设立新的专门职位“全球反腐败问题协调员”；美国财长耶伦宣布将成立所谓反贪污基金。12 月 11 日，美国驻华使领馆写道：“反腐败协调员将带领美国国务院实施美国反腐败战略。”对此，中央纪委国家监委网站发表快评《美国国务院要“反腐”？究竟意欲何为?》指出：“反腐败”，是美国实行长臂管辖的最常用理由。在法国阿尔斯通腐败案等案件中，《反海外腐败法》成为美国打击美国企业竞争对手的工具，危害全球企业的公平竞争。如今，负责外事的美国国务院要“反腐”，恐怕也是醉翁之意不在酒，不过是为对他国行干涉之实寻找新的借口。本质上，都是披着合法外衣干预他国，在全球借“民主”“反腐”之名行霸权之实。③

① 刘敬东. 全球经贸关系演变中的国际法治危机及其应对［J］. 中国法学，2023（3）：285-304.

② 梅新育. 跨国贿赂：国际贸易的毒瘤［J］. 世界知识，2001（4）：30-31.

③ 中央纪委国家监委网. 美国国务院要“反腐”？究竟意欲何为？［EB/OL］.（2021-12-12）［2023-06-22］. http：//v. ccdi. gov. cn/2021/12/12/VIDEe9Gf5kbOVRUdRT3uHEBt211212.shtml.

对来自美英等西方国家地缘政治引发的挑战，我们必须坚决反对。历史也已经证明，完善与创新国际贸易规则是经济全球化的重要制度保障，符合各国的共同利益。我们必须坚决维护。

## （二）东盟国家国内腐败风险的挑战

2023 年 1 月 31 日，透明国际（Transparency International）公布了 2022 年度的全球“清廉指数”，对全球 180 个国家及地区的清廉程度进行了排名。东盟十国中，文莱没交数据，没有排名，其他 9 个国家的得分与排名如下：新加坡，得分 83，排名并列第 5；马来西亚，得分 47，排名并列第 61；越南，得分 42，排名并列第 77；泰国，得分 36，排名并列第 101；印尼，得分 34，排名并列第 110；菲律宾，得分 33，排名并列第 116；老挝，得分 31，排名并列第 126；柬埔寨，得分 24，排名并列第 150；缅甸，得分 23，排名并列第 157。其中，得分在 25 分以下的极端腐败国家中，有柬埔寨、缅甸入列；得分在 25—50 分的腐败现象比较严重的国家有马来西亚、越南、泰国、印尼、菲律宾、老挝六国。结论是：只有新加坡属于比较廉洁的国家，其他国家则是腐败的重灾区。这 9 个国家清廉指数平均得分仅有 39.22 分，比全球平均分 42.97 低了 3.75 分，这意味着东盟国家的腐败程度整体高于全球平均的腐败程度。①

腐败问题的严峻挑战，不仅会增加项目的投资、贸易、政府采购等各方面的成本，还会造成不公平竞争行为，会使国际合作受阻；更会影响政府、企业的国际声誉和国际影响力。因而，东盟国家的国内腐败问题，是中国—东盟经贸合作面临的重大挑战。

---

① 亚布力中国企业家论坛. “一带一路”沿线国家的腐败风险：2022 年清廉指数解读[EB/OL]. [2023-02-10]. http://mp.weixin.qq.com/s?-bizo=MjMsNDAINzlwMA==&mid=2650650881&idx=1&sn=d63afbb270ffdq5c281043ecfba4ebo3&chksm=27

## （三）中国—东盟经贸合作的重点领域腐败风险的挑战

从以下几组数据，我们就可以看出中国—东盟经贸合作的发展势头。

2022 年 8 月 29 日，在国务院新闻办公室举行的新闻发布会上，商务部部长助理李飞表示，中国与东盟基础设施互联互通持续升级。截至 2022 年 7 月底，中国企业在东盟国家承包工程稳步开展，累计完成营业额超过 3800 亿美元。中老铁路开通运营，并同泰国铁路网实现联通，雅万高铁建设取得重要进展，中国同东盟国家互联互通水平不断提升，有力促进地区经济社会繁荣发展。①

纵观新冠疫情的三年间，中国—东盟贸易迎难而上交出亮眼成绩单：2020 年双方贸易额 6846 亿美元（约合 4. 74 万亿元人民币）。2021 年双方货物贸易额达 8782 亿美元（约合 5. 67 万亿元人民币）。2022 年，中国—东盟进出口规模达到 6. 52 万亿元，增长 15%，其中出口 3. 79 万亿元，增长 21. 7%，进口 2. 73 万亿元，增长 6. 8%。同期，东盟占中国外贸比重较 2021 年上升了 1 个百分点，达到 15. 5%，继续保持中国第一大贸易伙伴地位。中国海关总署新闻发言人吕大良指出，东盟是中国在 RCEP（区域全面经济伙伴关系）的重要贸易伙伴，2022 年中国对东盟进出口占对其他 RCEP 成员国进出口规模的 50. 3%。中国对东盟进出口的中间产品 4. 36 万亿元人民币，增长 16. 2%，占中国与东盟进出口总值的 67%。②

这些基础设施领域的巨大投资、采购，不仅能带动沿线各国的经济增长，也决定各国民众的民意支持。但基础设施投资、贸易、采购

---

① 商务部. 中国与东盟基础设施互联互通持续升级［EB/OL］.（2022-08-29）［2022-09-10］. https：//www. cs. com. cn/xwzx/hg/202208/t20220829_ 6294501. html.

② 赵雅丽. 又是第一！2022 年中国—东盟贸易合作全景［J/OL］. 中国—东盟博览，2023（2）. https：//cj. sina. com. cn/articles/view/3974550866/ece6d552001014e8k.

等领域向来是腐败高发区，涉及金额大，影响更广。

腐败风险的表现如下：一是营商环境。除了新加坡的营商环境较为稳定外，其他东盟国家和地区的营商环境都存在这样那样的腐败问题。二是南亚的大多数国家则存在法律法规建设不健全的问题，导致利用政策空白、法律漏洞牟取暴利的事件时有发生，而在监管机构介入调查的时候则通过寻租等腐败活动进行疏通。此外，政策不透明、行政执行力差、司法机关形同虚设等，这些问题都成为腐败活动滋生的“沃土”。[①]

因此，在这些领域防控可能出现的腐败风险，制定反腐败统一规则，对全面推进中国—东盟全面战略伙伴关系，对全面推进中国—东盟经贸合作，具有重要的战略意义。

## 二、中国—东盟区域制定反腐败统一规则的意义

作为东盟最大的邻国，中国始终真诚无私支持东盟：率先加入《东南亚友好合作条约》、率先建立战略伙伴关系、率先缔结自贸协定，带动其他大国加大对东盟投入，显著提升东盟国际地区影响。在新的形势下，中国支持东盟一体化和共同体建设，支持维护东盟为中心的区域合作架构。

中国—东盟区域有 20 多亿人口，中国—东盟双方携手建设现代化，推动“一带一路”倡议和“东盟印太展望”对接合作，建设好和平、安宁、繁荣、美丽、友好的共同家园，建设更为紧密的中国—东盟命运共同体。这对国际社会来说，是幸事，是福祉，更是希望与未来。

---

① 奇飞云. 中资企业参与“一带一路”海外投资的腐败问题研究［D］. 北京：对外经济贸易大学，2019.

毋庸讳言，在建设中国—东盟命运共同体的时候，我们也要关注中国—东盟经贸合作中的腐败问题。从实践的角度来看，大多数腐败现象主要发生在投资、贸易与政府采购等领域，项目采购和合同履行环节也是腐败易发、高发环节，因此，建立“开放、透明和非歧视的公共采购程序”成为预防腐败的必要制度安排。[①]《廉洁丝绸之路北京倡议》呼吁各方加强项目监督管理，在项目招投标、施工建设、运营管理等过程中遵守法律法规，消除权力寻租空间，打造法治化营商环境，呼吁企业构建合规管理体系。[②]

随着“一带一路”建设的高质量发展，东盟国家投资优势显现，外国投资者逐年增加，竞争增大，投资腐败行为出现的概率有所增大，目前建立一套符合东盟投资环境的反腐败统一规则对投资等领域的发展具有重大意义。

中国—东盟制定反腐败统一规则的意义主要表现在如下方面。

## （一）是践行习近平关于“廉洁丝绸之路”建设、中国—东盟命运共同体建设重要论述的重要抓手

在“一带一路”倡议实施中，涉及的项目多、资金数额大、人员众，唯有把一个个重大项目变成廉洁工程，惠及各国、造福人类的宏伟蓝图才能实现。

如何在加强反腐败国家立法的同时扩大反腐败国际合作？如何把“不敢腐”“不能腐”“不想腐”的机制延伸到国外，以补齐海外反腐败制度缺失的短板？尤其是如何推进反腐败国际立法？在“一带一路”廉洁建设的实践中，几个极其关键性的领域——投资、贸

① 《“一带一路”联合公报》（2019）第26段。《“一带一路”联合公报》（2017）第14（4）段也提及“政府采购程序应开放、透明、非歧视”。

② 《廉洁丝绸之路北京倡议》是由中国与有关国家、国际组织以及工商学术界共同发起的多利益相关方协议，并作为第二届“一带一路”国际合作高峰论坛专业领域多边合作倡议成果之一。

易、政府采购等领域值得我们重视。投资、贸易、政府采购等领域不仅是腐败的高发区，而且这些领域的腐败乱象尤其容易引起腐败的连锁反应，影响极大，亟须下大力气治理。因而，我们认为，在投资、贸易、政府采购等领域首推反腐败立法是“一带一路”廉洁建设的重要抓手。

## （二）是“一带一路”建设行稳致远的现实需求

基础设施互联互通是实施“一带一路”倡议的先导。基础设施建设项目涉及大量投资、贸易、政府采购等活动。“一带一路”国际合作高峰论坛期间，国家主席习近平宣布，中国国家开发银行、中国进出口银行将分别提供2500亿元和1300亿元等值人民币专项贷款，用于支持“一带一路”基础设施建设、产能、金融合作。[①] 只有推动廉洁投资、廉洁贸易、廉洁政府采购，才能推进廉洁基础设施建设，“一带一路”建设也才有了坚实的基石和可靠的保证。

唯有推进投资、贸易、政府采购等领域的反腐败立法，方能确保“一带一路”成为廉洁之路。而要推进投资、贸易、政府采购等领域的反腐败立法，必须以《联合国反腐败公约》为基准，以与投资、贸易、政府采购等相关的国际规则为参照，在实践中不断探索反腐败合作的体制机制建设，构建反腐败专门机构，推进国际和国内两个层面的反腐败立法，确保中国—东盟区域廉洁建设。

## （三）是与《联合国反腐败公约》等反腐败国际规则体系接轨的需要

以政府采购领域为例，中国—东盟区域制定反腐败统一规则，也

① 王俊岭. 金融为一带一路快车“加油”［N］. 人民日报（海外版），2019-04-23（6）.

是加入 WTO《政府采购协议》（GPA）的急迫需要。

入世后，我国就积极开展加入 GPA 的谈判。已经进行过多次谈判，但在“出价清单”方面还没有达成共识。[①] 不过，我国加入 GPA 是迟早的事情。我国必须先行做好与 GPA 接轨的准备。但仔细梳理我国的政府采购法发现，接轨工作相对比较缓慢。

在新时代，发挥大国的作用，在政府采购领域的表现就是信守约定、善意履行入世的法定义务，尽快加入 GPA。而新的 GPA 文本增设了防止利益冲突和反腐败条款。这就要求我们：一方面，在国内，做好接轨 GPA 新文本的准备，加快政府采购领域反腐败立法；另一方面，推进中国—东盟政府采购领域的反腐败统一规则立法。

### （四）是顺应投资、贸易、政府采购领域反腐败国际立法发展的趋势，推进“一带一路”廉洁建设的需要

还是以政府采购为例。

如前所述，自 2003 年《联合国反腐败公约》出台后，在政府采购领域致力于反腐败立法逐渐成为一种国际趋势。政府采购国际规则主要是指以 GPA、联合国国际贸易法委员会《货物、工程和服务采购示范法》、欧盟《政府采购指令》、世界银行采购指南、APEC《政府采购非约束性原则》为核心的国际政府采购法律体系。其在强调规范政府采购行为的同时，也致力于反腐败。世界银行多年来积极参与打击跨国商业贿赂和追回腐败资产，在国际商业腐败风险防控、多边投资规则制定领域具有丰富经验。上述政府采购领域反腐败规则，有力推动了政府采购的国际化，也加强了政府采购领域的反腐败国际合作。

---

① 2019 年 10 月 20 日提交了第 7 份“出价清单”。2020 年 10 月，财政部参加 WTO《政府采购协定》2020 年第三轮多边谈判，中国加入 GPA 是会议重点议题。随着谈判的深入，我国加入 GPA 的进展会提速。

推进“一带一路”廉洁建设，必须顺应国际趋势，才有可能加强沿线国家的国际合作，尤其是反腐败国际合作。

## 三、中国—东盟区域制定反腐败统一规则的制度基础

中国—东盟区域在反腐败合作等方面有着深厚的制度基础，主要体现在如下方面。

### （一）中国—东盟命运共同体建设的三十年制度积淀

从1991年中国成为东盟的对话伙伴国到2001年11月双方达成建立中国—东盟自由贸易区（CAFTA）的重要共识，这是中国—东盟关系的“跨越十年”：1993年，包括中国在内的六国七方[①]签署了《禁毒合作谅解备忘录》。1997年12月，时任中国国家主席江泽民参加首次中国—东盟领导人会议，发表了《中国与东盟国家首脑会晤联合声明》，并确定了共同的政策目标——“建立面向21世纪的睦邻互信伙伴关系”。此外，中国与东盟自1997年起每两年举行一次打击跨国犯罪部长级会议，并于2002年11月在第六次中国与东盟领导人会议上通过发表《关于非传统安全领域合作联合宣言》，展开双方在这一领域的合作。2002年11月，中国与东盟各国外长及外长代表签署《南海各方行为宣言》，这一宣言对保持南海地区的和平与稳定，提高双方的互信有着重要的积极意义。

随后，中国—东盟关系进入“黄金十年”。2003年10月，第七次中国—东盟领导人会议召开，会议确定双方建立战略伙伴关系。也

① 包括中国、老挝、越南、缅甸、泰国、柬埔寨和联合国禁毒署。

是在这一年，中国宣布加入《东南亚友好合作条约》。时任国务院总理温家宝与东盟国家领导人签署并发表《面向和平与繁荣的战略伙伴关系联合宣言》。此后，双方在圆满完成第一份《落实中国—东盟面向和平与繁荣的战略伙伴关系联合宣言的行动计划（2005—2010）》基础之上，于2010年再次制定了第二份战略伙伴关系行动计划（2011—2015）。[①] 在安全领域，双方于2004年签署《关于非传统安全领域合作谅解备忘录》。2006至2011年，中国公安部举办五期东盟执法联络员项目。“中国与东盟防务与安全对话”也自2010年起举办。2011年7月，中国与东盟举行落实《南海各方行为宣言》高官会，《关于落实〈中国与东盟非传统安全领域合作谅解备忘录〉的行动计划》也于2011年10月得以发表。在文化交流领域，双方于2005年8月签署《中国—东盟文化合作谅解备忘录》。2011年，旨在促进中国—东盟经贸、旅游、教育、文化等领域交流合作的服务平台——中国—东盟中心正式成立。双方自贸区建设于2010年1月1日如期建成，经济合作取得了巨大成就。

之后，中国—东盟关系进入“钻石十年”。在“钻石十年”，中国—东盟关系发展的目标是建设更为紧密的命运共同体。[②] 由此，中国—东盟合作进入了快车道。《中华人民共和国与东南亚国家联盟关于修订〈中国—东盟全面经济合作框架协议〉及项下部分协议的议定书》于2015年11月22日正式签署。[③] 此外，中国出资400亿美元设立了丝路基金，2015年发起成立亚洲基础设施投资银行。双方还签署了《货物贸易协议》《争端解决机制协议》《服务贸易协议》

---

① 中华人民共和国外交部. 中国—东盟合作：1991—2011［EB/OL］.（2011-11-15）. https：//www. gov. cn/gzdt/2011-11/15/content_ 1993964. htm.

② 2013年10月，习近平主席在印尼国会发表重要演讲，提出愿同东盟国家共建21世纪海上丝绸之路，携手共建更为紧密的中国—东盟命运共同体。参见：俞懿春. 携手建设更为紧密的中国—东盟命运共同体（命运与共）［EB/OL］.［2021-09-11］. http：//cpc. people. com. cn/n1/2021/0911/c64387-32224112. html.

③ 杨保筠. 中国—东盟关系稳定发展 积极打造“钻石十年”［EB/OL］.（2015-12-18）. www. asean-china-center. org/2015/12/18/c-134928994. htm.

《投资协议》等等。

2017 年 12 月，中国—东盟法学家联谊会暨中国—东盟法律论坛在广西南宁举办，论坛以“深化法治交流合作，共建共享‘一带一路’”为主题，通过了《法治合作南宁共识》，为推动中国—东盟全方位、常态化法治交往与合作指明方向、引领道路。①

中国—东盟这 30 多年的合作与制度建设，为中国—东盟反腐败立法奠定了雄厚的制度基础。

## （二）中国—东盟国家反腐败立法、执法与司法演进的一体化趋势

趋同是指不同国家或地区的法律制度随着社会需要的发展而逐渐相互吸收、相互渗透，从而趋于接近甚至趋于一致的法律现象。趋同的现象在中国—东盟区域反腐败立法、执法与司法的演进中越来越明显。

**1. 反腐败立法的趋同**

首先，反腐败法律制度的价值在于蕴含着它能规范、化解投资、贸易、政府采购等领域由于腐败行为引起的冲突和纠纷。目前，跨境腐败已成为常态，需要各国加强反腐败合作才能解决跨境腐败问题。

其次，反腐败立法的国际性特征也推动跨区域反腐败法律制度的趋同化。

最后，欧洲、非洲反腐败趋同的实践经验为中国—东盟反腐败法律合作提供模式借鉴。

中国—东盟国家反腐败立法趋同的表现：

中国与东盟国家都是《联合国反腐败公约》的缔约国，在履约

① 中国—东盟法律论坛在南宁举办 共建中国与东盟法治合作长效机制［N］．经济日报，2017-12-21（16）．

方面具有一致性。如此，双方可以强化反腐败国际合作，积极推动公约履约审议机制，共同为确保联合国反腐败公约有效执行作出重要贡献。

中国与东盟国家在反腐败国家立法方面都是遵循公约的立法精神与原则、内容，因而，各国尽管基于国情不同而在反腐败立法时会有些差别，但在立法模式、体系等方面却是趋同的。

**2. 中国—东盟国家反腐败合作紧密、趋同的表现**

中国同东盟国家反腐败交流合作与规则制定协同由来已久。

2004 年，成立东南亚国家反腐败联盟。

2006 年，中国与东盟建立对话关系 15 周年时，促进反腐败合作就被写入《中国—东盟纪念峰会联合声明》。

2013 年，缅甸加入东盟国家反腐败机构联盟，长期积极参与区域性反腐败合作，与中国携手应对腐败挑战。

2013 年 10 月 3 日，习近平在印度尼西亚国会演讲时提出建设中国—东盟命运共同体的倡议，强调面对腐败全球性问题，中国与东盟各国都不可能独善其身。因此，东盟与中国应当展望未来，寻求更多利益共同点，进一步拓宽反腐败合作领域。

2016 年 11 月 2—4 日，中国—东盟反腐败研讨班在云南举办。

2017 年，东南亚国家反腐败联盟成为东盟正式机构。

2017 年 1 月，中国—东盟成员国检察官交流培训基地、中国—东盟成员国总检察长会议官方网站在南宁正式上线运行，时任最高人民检察院检察长曹建明表示，这是“一带一路”建设和构建中国—东盟命运共同体的重大举措，要更好发挥总检察长会议机制的辐射效应，为维护地区安全稳定、推动中国—东盟合作提质升级、共同建设 21 世纪“海上丝绸之路”提供有力法治保障。

2017 年 6 月，中国—东盟国家法官交流培训基地和中国—东盟国家法律与司法信息中心在广西南宁成立，这是中国与东盟国家司法交流与合作的重大进展，也是巩固和深化中国与东盟国家司法联系的重要平台。时任最高人民法院院长周强表示，要以此为契机，加强培训合作，促进信息互通共享，为推进“一带一路”和中国—东盟自由贸易试验区建设提供有力司法服务和保障。

2017 年 11 月 13 日，《中国—东盟全面加强反腐败有效合作联合声明》公布。

2019 年 4 月，第二届“一带一路”国际合作高峰论坛首次举办廉洁丝绸之路分论坛，柬埔寨、老挝、泰国等国家与中国共同发起《廉洁丝绸之路北京倡议》。2019 年 4 月，菲律宾总统反腐败委员会与中国国家监委签署合作谅解备忘录，双方承诺在预防和打击腐败、反腐败全球治理等领域开展合作。

2020 年 1 至 8 月，追逃追赃“天网 2020”行动共追回外逃人员 799 人，其中，从东盟国家追回 292 人。①

2020 年 9 月 25 日，18 名东盟国家的驻华使节在国家监委会议室，就深化中国—东盟国家反腐败追逃追赃等务实合作、推进廉洁丝绸之路建设等议题，与国家监委有关负责同志展开深入交流。

中国—东盟反腐败合作巨大成绩的取得，与双方反腐败合作模式与规则的趋同分不开。

### （三）《中国—东盟全面加强反腐败有效合作联合声明》所表达的趋同意蕴与制度基础

《中国—东盟全面加强反腐败有效合作联合声明》② 的精准表达，从另一个角度，反映出中国—东盟反腐败合作制度基础已铸就。

2017 年 11 月发布的《中国—东盟全面加强反腐败有效合作联合

---

① 赵婕，董凡超．“天网 2020”行动八个月追回 799 名外逃人员［N］．法治日报，2020-10-22.

② 中国—东盟全面加强反腐败有效合作联合声明［EB/OL］．（2017-11-13）．https：//www. ccdi. gov. cn/toutiao/201711/t20171113_ 126252. html.

声明》的表达很有特色，如：在篇首就开宗明义地用“回顾、重申、意识到、强调、承认、注意到、努力、尊重”等词，[①] 表明了中国—东盟领导人的共识已形成、合作已成常态、蓝图已绘就，只等来实施。

又如，“十方面谅解”[②] 的表达，也证明中国与东盟双方已确定

---

① 见《中国—东盟全面加强反腐败有效合作联合声明》全文的篇首部分：

回顾2016年9月7日第19次中国—东盟领导人会议暨中国—东盟建立对话关系25周年纪念峰会发表的联合声明。各方承诺加强对话和合作，应对共同的安全问题，包括应对跨国威胁和其他非传统安全挑战，维护地区和平与稳定。

重申《东盟政治安全、经济和社会文化共同体蓝图2025》提供了基本原则和框架，有助于东盟建立廉洁和反对腐败的文化并将其作为基本原则纳入东盟共同体的政策和实践之中；通过与私营部门、社会组织和其他东盟利益相关方积极合作以改善良政、透明度及反应迅速的监管体制；通过提高经济透明度和负责、专业、高效、有效的公共服务水平为良政提供保障。

意识到中国及东盟国家之间日益密切的经贸、资金及人员往来带来的潜在跨国腐败风险。

强调包括贿赂、贪污和挪用在内的腐败属于共同挑战，如放任不管将挑战社会公平正义和法律尊严，妨碍社会、文化和经济发展。

承认《联合国反腐败公约》作为具有约束力的国际反腐败专门法律文书的重要性，认为其为各国加强反腐败合作提供了框架。

注意到本地区各国为反腐败付出的努力和共同行动取得的积极成果，包括2004年建立东南亚国家反腐败联盟及其2017年成为东盟正式机构以及2016年11月2日中国和国际反腐败学院在云南共同举办的反腐败研讨班等。

努力将反腐败纳入本地区合作内容，充实中国—东盟战略伙伴关系内涵。

尊重文化差异，强调加强中国—东盟有效反腐败合作的重要性，包括用实际行动落实联合国《2030年可持续发展议程》，实现本地区社会经济健康发展的重要作用。

② 见《中国—东盟全面加强反腐败有效合作联合声明》：我们根据中国和东盟各国国内法律法规及国际法义务，在平等互利的基础上，达成以下谅解：一、通过加强执法合作，促进反腐败合作与援助。二、依据《联合国反腐败公约》在引渡、双边司法协助、追回腐败资产和犯罪所得等方面规定的义务，加强预防和打击腐败的合作与援助。三、促进各国分享经验和最佳实践，就道德、价值观、良政和廉洁文化交流看法，促进公私领域反腐败活动及落实本国预防和打击腐败相关立法和规定。四、鼓励中国和东盟各国金融情报机构或相关主管部门就收集、分析和分享潜在的腐败相关洗钱行为信息开展合作。五、加强能力建设合作，提高预防及侦查腐败相关洗钱案件效率，为各领域反腐败官员提供专门的培训项目，例如根据《联合国反腐败公约》有关规定就反腐败行动和监控腐败资产流向等提供技术援助。六、在《联合国反腐败公约》、亚太经合组织反腐败工作组等国际法律文书和多边机制下加强协调与合作；基于上述文书和机制的宣言和决议的有关双边司法协助条约，推动务实合作。七、鉴于证人对查找腐败分子及就腐败案件提起诉讼发挥的重要作用，适时建立有效的证人保护机制。八、鼓励东南亚国家反腐败联盟加强地区和国内反腐败合作。九、鼓励政府、企业、民间团体、非政府组织、社区团体、媒体、研究机构和智库等利益相关方积极参与，采取有力措施和联合行动配合全球反腐败斗争，消除大规模腐败在本地区内外产生的破坏性影响。十、推动举办更多的反腐败研讨班、对话和会议，就如何有效打击和消除腐败开展交流。

合作的范围与方式，没有前期合作机制与制度的探索与总结，是难以管控分歧，达成十大方面的谅解的。

再如，在2017年11月这个时间节点发表《中国—东盟全面加强反腐败有效合作联合声明》，一方面是对习近平提出的把“一带一路”建设成为“廉洁之路”倡议的回应与在中国—东盟区域的落实；另一方面，也反映出在中国—东盟区域建构反腐败统一规则的迫切性。

联合声明体现了声明方在加强反腐败合作方面的共识，也为今后中国—东盟反腐败合作的发展宣示了方向。

鉴于中国与东盟特有的影响力，声明及其后的一系列努力，将会起到潜移默化的作用。

声明本身是聚焦中国—东盟加强反腐败合作，但在事实上，它将会起到树立典范的作用。应该说，中国—东盟经贸合作的30年，本身就是一个很好的教材，对“一带一路”沿线国家，有着丰富的借鉴意义，对推进“一带一路”廉洁建设更是必不可少的示范。

在充满不确定性和冲突的当今世界，具有确定性和建设性的中国—东盟反腐败合作的强化，是深受欢迎，也令人期待的。而这正是联合声明的深远意义和使命所在。

## 四、中国—东盟区域反腐败统一规则制定的必要性与可行性

反腐败是中国和东盟合作的重点领域之一。自2017年《中国—东盟全面加强反腐败有效合作联合声明》发表以来，中国与东盟各国开展了包括高层互访、追逃追赃、廉洁丝绸之路建设以及经验交流在内的反腐败合作，不断巩固区域反腐“朋友圈”。

## （一）必要性分析

### 1. 是努力夯实中国—东盟命运共同体建设法治保障的迫切需要

中国—东盟自由贸易区于2003年由中国主导建立，此后中国与东盟国家的经济贸易往来日益频繁，东盟成为中国重要的贸易伙伴。随着“一带一路”倡议的提出，中国企业在东盟各国的投资规模日渐扩大，双方在货物贸易及服务贸易领域的交往愈发深入。

为有效营造廉洁的贸易交往环境，中国和东盟各国应当按照国际标准和要求逐渐统一贸易规则，并在区域内构建贸易领域反腐败统一规则，以有效推动中国—东盟的经贸往来及反腐败实践。

2013年9月，习近平访问印度尼西亚时提出：中国愿同印度尼西亚和其他东盟国家共同努力，使双方成为兴衰相伴、安危与共、同舟共济的好邻居、好朋友、好伙伴，携手建设更为紧密的中国—东盟命运共同体。[①] 更为紧密的中国—东盟命运共同体建设倡议的提出，是我国国家领导人在审视域内外双重因素的情况下提出的符合中国与东盟长远关系发展的愿景。

### 2. 是共同应对投资、贸易、政府采购活动中的腐败行为的现实需要

腐败造成的巨大伤害，不分国界。它使国家经济陷入贫困，威胁到民主体制，破坏法治。早在20世纪90年代，有学者就根据60多个发展中国家的调查数据得出结论，腐败是影响世界经济发展和增长的最重要的障碍。[②]

虽然东盟国家在反腐败立法方面也取得了不俗的成绩，但在投

① 新华网. 习近平在印尼国会发表演讲：携手建设中国—东盟命运共同体［EB/OL］.（2013-10-03）. http：//www. xinhuanet. com/world/2013-10/03/c_ 117591652_ 4. htm.

② Cleveland M，Favo C M，Frecka T J，et al. Trends in the international fight against bribery and corruption［J］. Journal of Business Ethics，2009，90：199-244.

资、贸易、政府采购等诸多领域腐败现象依然严重，为了保障中国—东盟经贸活动的高质量发展，有必要借鉴、仿效欧盟的做法，推进在东盟层面的立法，首先在投资、贸易、政府采购等领域制定反腐败统一规则，以协调各国的反腐败行动。

如前所述，中国与东盟在2017年签订了《中国—东盟全面加强反腐败有效合作联合声明》，旨在通过加强双边执法合作、促进反腐败合作与援助。由于当前东盟各成员国反腐败立法水平不一，未能形成区域层面贸易领域反腐败统一规则，东盟区域的反腐败实践未能取得有效的成果。因此，应构建东盟贸易反腐败统一规则，促进中国与东盟进行反腐败合作，共同致力于打击国际贸易发展中的腐败问题。

此外，中国—东盟自由贸易区在签订与经济贸易相关的条款时，也应该将反腐败作为重要内容考虑进去，促使各个成员国遵守反腐败的有关规定，并且在国内法部分制定相应的措施，共同维护全球贸易的健康发展。

**3. 在中国—东盟区域先行先试，为“一带一路”廉洁建设探索成功的经验与模式**

作为“一带一路”建设的参与方，东盟国家有义务保证“一带一路”廉洁建设在东盟的推进。

在中国—东盟区域探索的反腐败统一规则，将为“一带一路”廉洁建设公约等四部公约的制定奠定制度基础。

东盟国家在投资、贸易、政府采购等领域出现的腐败问题较为严重。在2019—2022年透明国际发布的国际清廉指数排名中，除新加坡排名较为靠前外，其他东盟国家都存在较严重的腐败问题。

如：在东盟贸易领域，常常发生的利益冲突不仅包括公职人员直接收受企业贿赂为非法贸易开启“绿灯”，或是在市场准入、营商许可等方面违法插手管理事项，人为降低行贿企业的经营门槛，造成市场经营秩序混乱，也包括公职人员及其配偶、子女或武装部队自行经商而产生的严重腐败问题。如，老挝允许党、政、军干部在工作之余经商办企业或作为股东参与其他企业的分红,[①] 缅甸近期才禁止高级官员和内阁成员过多参加商业活动,[②] 等。

又如在投资、贸易、政府采购等领域中的腐败问题。由于东盟各成员国之间的社会经济发展不平衡，落后的国家为保护本国经济贸易的发展，常常利用非关税贸易壁垒等方式加强对本国的贸易保护。贸易保护必然会带来贸易腐败问题，进口企业为了尽快进入他国市场而贿赂当地官员，出口企业则为了获得行政许可进行寻租,[③] 严重损害了东盟区域内经济发展秩序，不利于进出口贸易的持续、健康发展。

有关报道显示，东盟一些国家，例如柬埔寨、越南、印度尼西亚、泰国、老挝、缅甸，由于缺乏对海关公职人员的有效约束，海关非法索贿行为严重，敲诈等“潜规则”屡见不鲜，严重影响了通关秩序和经商环境。[④]

因此，要想有效打击东盟相关领域内的腐败行为，东盟各国必须依靠法治，加强对东盟反腐败立法研究，从预防、惩治腐败的角度构建投资、贸易、政府采购等领域反腐败统一规则，将权力关进法律制度的笼子里。同时也要采取有力的执行措施和实施机制来确保规则的实施。

中国—东盟区域的先行先试，将为“一带一路”廉洁建设公约等规则的制定提供经验与教训。

此外，中国—东盟区域反腐败合作时会出现不同国家间相关法

① 方晶晶. 贫穷与腐败是否紧密相连［EB/OL］.（2016-06-05）［2020-03-20］. http：//cari. gxu. edu. cn/info/1087/6751. htm.

② 政府禁止议员官员参加商业活动［EB/OL］.（2018-06-23）［2020-03-01］. https：//www. mhwmm. com.

③ 陈沛. 国际贸易中腐败问题对中国宏观经济影响的分析［J］. 中国商论，2013（12）：126-128.

④ 外国海关索贿为何专盯中国人？国人常花钱消灾［EB/OL］.（2016-06-27）［2020-04-20］. https：//www. sohu. com/a/86280506_ 119826.

律的冲突、执行的差异等等。这些问题的解决，亟须统一中国—东盟区域的反腐败合作规则，加强对规则的研究。因而，引领与推进中国—东盟区域反腐败合作规则一体化研究刻不容缓。

## （二）可行性分析

### 1. 长期的反腐败合作基础

《联合国反腐败公约》作为全球最具引导力的国际反腐败法律文件，对各国加强反腐行动，促进反腐国际合作具有重要意义。[①]“约定必须遵守”，中国—东盟各方都是《联合国反腐败公约》的缔约国，都有在该公约下反腐败法治合作的经验与基础。

中国作为“一带一路”的发起国和主导国应当积极推动参与国家与国际反腐规则接轨。促进《联合国反腐败公约》在东盟国家的内化进程，从而有利于双方反腐败法律的对接和配合。[②]

近年来，东盟国家陆续签署了与反腐败有关的合作声明与备忘录，这一系列法律文件可以为东盟国家投资、贸易、政府采购等领域反腐败统一规则的制定提供法制实践基础。

### 2. 欧盟反腐败立法经验的启示

欧盟反腐败相关法律如下：《反腐败刑法公约》（1999）、《私营领域反腐框架决定》（2003），以及一系列欧盟刑事司法合作框架决定（腐败犯罪是这些决定中被明确列出的合作领域）等。欧盟在反腐败工作上注重成员国之间的合作，促进各成员国实体法律规则的统一。欧盟反腐败法律还规定有刑事司法合作，涉及跨国侦查、取证、逮捕、涉案财产追回以及判决执行等阶段。欧盟相关反腐败立

---

① 弓联兵，王晓青，戚成增．“一带一路”沿线国家腐败风险及应对［J］．行政管理改革，2019（5）：74-80.

② 陈晓弦．“一带一路”企业海外投资腐败风险的法律防范研究［D］．重庆：西南政法大学，2021.

法，可以为东盟投资、贸易、政府采购等领域建立反腐败统一规则提供经验指导。

**3. 我国近年来推进反腐败国际立法的经验**

如前所述，中国在推进反腐败国际立法中，有着深厚的立法经验积累。如：从 APEC 到 G20，从《北京反腐败宣言》（2014 年 11 月）到《二十国集团反腐败追逃追赃高级原则》（2016 年 9 月），再到《金砖国家拒绝腐败避风港倡议》（2022 年 7 月）、《二十国集团领导人巴厘岛峰会宣言》（2022 年 11 月），中国在倡导和推进国际反腐立法上的一系列成功，无不证明了：中国正积极参与、推进全球治理体系建设，努力为完善全球治理贡献中国智慧，中国有能力、有自信推进国际反腐败秩序和全球腐败治理体系朝着更加公正合理的方向发展。

## 五、中国—东盟区域反腐败统一规则制定的依据与法理

如前所述，《联合国打击跨国有组织犯罪》《联合国反腐败公约》等国际反腐败法律规则制度为构建东盟贸易领域反腐败统一规则提供了重要的渊源、依据与法理。

针对区域性反腐败规则的制定，其依据与法理主要还是聚焦在区域性层面。

### （一）有关区域性国际组织的代表性反腐败法律制度

**1. 《亚太地区反腐败行动计划》**

新世纪初，亚洲开发银行和经合组织一起制定了《亚太地区反腐败行动计划》，旨在推动亚太地区经贸领域的反腐败建设。亚洲开

发银行将各国的反腐败治理成果与各国能够获得的贷款相联系，使得想要获得贷款的国家就必须按照参与制定的《亚太地区反腐败行动计划》来执行反腐败措施，因此该行动计划取得了较好的实施效果，已有20多个国家参与其中。

《亚太地区反腐败行动计划》包括三个方面的内容：其一是政府在制定行政政策时，必须将制定好的政策公开，确保其能够被公众所了解、认知以及监督；其二是加强对腐败行为的执法力度，政府要做到言出必行，打造廉洁的政府形象；其三是鼓励公众参与监督，政府制定反腐败的法律或者在执行过程中，都应当接受媒体的质疑以及监督，并且做好信息公开的工作。《亚太地区反腐败行动计划》要求缔约国的国内立法都应当保持一致。①

《亚太地区反腐败行动计划》为亚太地区有效打击贸易腐败提供了重要保障。此外，《亚太地区反腐败行动计划》中关于加强政府信息公开、加大反腐败打击执行力度以及鼓励公众参与对政府公务的监督可以为东盟制定经贸领域反腐败统一规则提供重要的参考。

**2.《关于打击国际商业交易中行贿外国公职人员行为的公约》**

为防止国际商业贸易中的贿赂行为损害全球公平贸易竞争，OECD于1997年通过了《关于打击国际商业交易中行贿外国公职人员行为的公约》，其中对国际贸易中行贿外国公职人员的行为进行了界定并制定了众多措施。该公约对行贿外国公职人员罪刑进行了详细、具体的界定，同时规定了法人责任、处罚机制、管辖权、执行机制、法定时效、会计审计、国际合作等方面的内容，② 可以有效预

① 亚洲开发银行与经济合作开发组织亚太地区反腐败行动组. 亚太地区反腐败行动计划（新千年反腐败宣言）［EB/OL］. http：//www. doc88. com/p-904289164975. html. 又见赵秉志，王志祥，郭理蓉.《联合国反腐败公约》暨相关重要文献资料［M］. 北京：中国人民公安大学出版社，2004：320-328.

② OECD. Convention on Combating Bribery of Foreign Public Officials in International Commercial Transactions［EB/OL］.（2012-04-12）［2020-06-20］. http：//www. docin. com/p-382552205. html.

防、查处、打击跨国贸易中的贿赂行为，为其他国家和地区制定相关的反贿赂规则、预防打击腐败提供了指导和标准。东盟在发展对外贸易时同样面临着跨国贿赂的困扰，亟须构建反腐败统一规则以加强对国际贸易中的跨国贿赂行为进行治理，上述公约为东盟制定反腐败统一规则提供了重要的参考。

**3. 欧盟的规则**

欧洲同样面临着反腐败的挑战。欧盟作为一个区域组织，制定了完善的反腐败法律体系，包括《打击涉及欧洲共同体官员或欧洲联盟成员国官员的腐败行为公约》（1997 年）、《反腐败刑法公约》（1999 年）、《反腐败民法公约》（1999 年）、《私营领域反腐框架决定》（2003 年），以及一系列欧盟刑事司法合作框架决定（腐败犯罪是这些决定中被明确列出的合作领域）等。这些区域性反腐败法律对相关腐败罪名和行为进行规范统一，并推动建立区域内完善的反腐败合作机制等。此外，欧盟还设立了区域层面的反腐伙伴组织及反腐联络网。同样作为区域性组织的东盟在加强区域内反腐败时须根据自身实际情况，有选择性地对欧盟组织反腐败的先进经验加以借鉴和吸收，制定区域层面反腐败统一规则，为东盟营造良好的商贸环境。

**4. 《美洲反腐败公约》**

美洲国家组织于 1996 年通过《美洲反腐败公约》，有效地推动了地区反腐败合作。

《美洲反腐败公约》从实体及程序两个方面较为全面地制定了相关反腐败措施，能够全方位地实现对贸易领域腐败行为的监管。其中关于制定公职人员行为规范、建立财产申报制度、完善税收和审计监管机制以及设立专门的反腐败机构以加强反腐败执行力度等，是预防和打击贸易领域腐败行为的有效措施，也为东盟制定贸易领域反腐败统一规则提供了重要的参考。①

## （二）投资、贸易、政府采购等领域的国际规则中的反腐败内容

投资、贸易、政府采购等领域的国际规则中的反腐败内容为构建东盟贸易领域反腐败统一规则提供了法律渊源。

《世界贸易组织协定》和《跨太平洋伙伴关系协定》均设立了营造公平、自由的贸易环境的贸易透明度规则，为促进全球贸易自由流动起到了重要的作用。作为缔约国，东盟国家应严格遵守所规定的各项权利义务，遵守贸易透明度原则，以有效遏制贸易领域腐败行为的滋生。这些为东盟国家投资领域反腐败统一规则的制定提供了现实基础。

此外，WTO 协定也制定了政府透明度规则，以便有效促进政府的廉政建设，吸引优质的外国投资。

TPP 中关于反腐败规则的制定，从设立腐败犯罪责任追究、公职人员廉洁从业制度、证人保护机制以及鼓励公众参与等方面规约贸易流通和交往过程中的腐败行为，也为东盟构建贸易反腐败统一规则提供了法律渊源。

① 孔祥仁. 美洲反腐败公约［J］. 中国监察，1998（11）：47. 又见赵秉志，王志祥，郭理蓉.《联合国反腐败公约》暨相关重要文献资料［M］. 北京：中国人民公安大学出版社，2004：272-279.

# 六、中国—东盟区域反腐败统一规则——中国—东盟打击投资、贸易、政府采购等领域腐败行为公约的顶层设计

## （一）成立中国—东盟区域反腐败工作组

中国—东盟区域反腐败工作组负责中国—东盟打击投资、贸易、政府采购等领域腐败行为公约的制定、实施、评估。

其主要职责：

一是实施本公约所述政策，并对这些政策的实施进行监督和协调。

二是采取必要措施，确保持续打击中国—东盟区域所出现的腐败和相关犯罪。

三是积累和传播预防腐败的知识。

四是能够有效地独立地履行职能和免受任何不正当的影响。

五是确保反腐败工作组的工作人员得到有效履行职责的培训和激励。

六是负责与其他反腐败机构间的合作事宜。

## （二）中国—东盟打击投资、贸易、政府采购等领域腐败行为公约的科学内涵

中国—东盟打击投资、贸易、政府采购等领域腐败行为公约的设计要紧扣“一带一路”建设，充分考虑各成员国当前的国情，关键应当把握投资、贸易、政府采购等领域反腐败统一规则的特色与

实操。

投资、贸易、政府采购等领域反腐败统一规则作为规范中国—东盟经贸活动中腐败行为的区域性规则，要紧扣“一带一路”廉洁建设这个主题，在考虑东盟国家现有的反腐败法律措施的基础上，借鉴有关国际贸易反腐败的先进经验，在《联合国反腐败公约》等国际反腐败条约体系指导下，对中国—东盟投资、贸易、政府采购等领域的腐败行为进行规约，积极融入“一带一路”廉洁建设之中。其内容应当包括总则、实体规定和程序规定等部分。

**1. 总则**

总则是基础，为实体规定与程序规定提供指引。总则要确立反腐败的基本方向、基本原则和方针，为中国—东盟经贸合作与发展保驾护航，为“一带一路”廉洁建设提供经验与范本。总则应包括投资、贸易、政府采购等领域反腐败的基本原则、适用范围和价值目标，阐述反腐败统一规则在什么具体领域发挥作用以及公约的最终目的。其中，基本原则是指导，适用范围是基础，价值目标是核心。

（1）关于目的、基本原则。

在设计总则时，首先，应当确立“一带一路”廉洁建设背景下制定中国—东盟国家投资、贸易、政府采购等领域反腐败统一规则的目的、基本原则等。

关于目标，构建反腐败统一规则时应实现以下目标：

一是缔约国普遍认可和接受。想要达成一致，就必须充分考虑各国的实际情况和相关诉求，寻求大家都能接受的规则。

二是具有普遍约束力。统一规则的设立应当对缔约国具有普遍的约束力。

三是作为其他具体规则的基础。反腐败统一规则应在缔约国得到适用，并成为缔约国反腐败国家立法的基础。

四是具有稳定性。统一规则能够被缔约国所认可，就应当具有极好的综合性和普适性，非经缔约国同意不能轻易改变。

此外，在构建该统一规则时还应遵循国家主权原则和国际合作原则。国家主权原则要求缔约国在国际交往中尊重对方的主权，这样才能保证国际合作的成功进行；国际合作原则即反腐败统一规则的产生以及实行都要求缔约国在各自权利和义务的范围内合作共赢。

关于目的，制定反腐败统一规则的目的在于确保中国—东盟区域商业环境透明、清廉，良性运转，确保严格预防与严厉惩治腐败行为，在提高中国—东盟区域反腐败法治化水平的基础上，提升“一带一路”廉洁建设的法治化水平，从而促进中国—东盟区域经贸合作的高质量发展，促进“一带一路”建设的高质量发展。

关于基本原则，反腐败基本原则是指在进行反腐败行动时必须遵守的基本准则。主要包括全面反腐原则、公平原则、透明原则和廉洁原则。

全面反腐原则是指，一旦投资、贸易、政府采购等领域出现腐败行为，反腐机构应当及时有效地对腐败行为展开调查，对促使腐败行为产生的主体、行为及造成的后果进行全面、严格的审查，与该腐败行为的产生具有关联性的人员有义务协助反腐败机构的审查工作。

公平原则是指，只要在东盟投资、贸易、政府采购等领域内出现腐败行为，无论行为主体的身份、地位或在国家经贸领域具有多大的影响力，都应对其进行一视同仁的调查和惩处。

透明原则是指，在打击和惩处投资、贸易、政府采购等领域腐败行为时应采取公开透明的态度，及时公布处理结果，并接受社会的广泛监督。

东盟投资、贸易、政府采购等领域反腐败立法及实践均受上述原则的指导。

廉洁原则是指，东盟国家在投资、贸易与政府采购等领域进行反腐工作时，都必须遵守这些原则，并受其指导。主要包括廉洁经贸原则、全过程廉洁审查原则、规则廉洁性评估原则等基本原则。廉洁是基础，也是结果，反腐败则是过程。从事经贸活动，任何时候都不要背离廉洁原则。全过程廉洁审查原则是指反腐败机构应当对所有投资行为进行全过程廉洁审查，对外国投资者，从进入东盟投资市场的准备阶段起，到入市后退市前的经营管理阶段以及退市时的收尾阶段均需进行严格廉洁审查；所有被要求配合的投资人，包括退市后的外国投资者，都有义务协助反腐败机构进行廉洁审查。规则廉洁性评估原则是指所有经贸规则的制定必须进行廉洁性评估，以确保经贸活动与经贸规则的设计合乎廉洁的要求。

总之，基本原则是投资、贸易、政府采购等领域反腐败统一规则的核心，所有相关反腐败具体规则的制定都要受其指导。

（2）关于腐败的定义、适用范围。

关于腐败行为界定，在东盟投资、贸易、政府采购等活动中，以下行为将会被认定为腐败犯罪：

直接或间接向国内外公职人员或公共国际组织官员许诺提供或提供该公职人员本人或相关人或实体不正当利益，使该公职人员在执行公务时作为或不作为，以便获得贸易往来中的好处（无论是否正当）。

公职人员为其本人或其他人或有关实体直接或间接索取或收受不正当好处，使其在执行公务时作为或不作为。

公职人员利用职务上的便利，侵吞、窃取、骗取或者以其他手段非法占有公共财物。考虑到当前东盟国家整体反腐败立法及执行水平较低，因此暂不将“私营部门高级管理人员收受或索取不正当利益，在贸易交往中作为或不作为”纳入东盟投资、贸易、政府采购等领域反腐败统一规则的腐败界定范围之中。

关于适用范围，包含适用主体范围和适用客体范围两部分。

适用主体范围：东盟国家的投资、贸易、政府采购等领域的公职人员，也包括由政府控制的企业和事业单位的员工；在贿赂犯罪中还包括有关企业个人和团体。可以用来判断投资、贸易、政府采购等的范围标准包括一切与适用主体相关的国内和国际投资、贸易、政府采购等活动。

适用客体范围：商品和服务，以及特许经营权。

（3）规定反腐败机构的设立和职责、进行反腐败一系列行动的经费来源和腐败行为法律责任的承担。

关于反腐败专门机构，建立东盟层面的反腐败机构，可以以东南亚反腐败联盟为基础来构建专门的反腐败机构，权限及于东盟所有的投资、贸易、政府采购等领域腐败行为。东盟各成员国可以在其指导下设立相关分支机构，协助处理本国的投资腐败行为。由东盟反腐败机构统一领导，统一履行职责。东盟反腐败机构及其相关分支机构应当相互协助。反腐败机构的地位要独立，任何部门不得干预其职权。

关于反腐败机构的职责包括：

一是制定反腐败工作规则。

二是调查和起诉，对腐败案件进行调查取证，在获取完整的资料后，可以对当事人进行起诉。

三是执行强制措施：在调查过程中，可能会发现涉外人员或者企业有转移资产之类的行为，反腐败专门机构应当具有执法权，对相应的财产进行查封和冻结，以及对相关的人员执行强制措施。

四是接受申诉：反腐败专门机构应当具备接受申诉的职能，对受到损失的有关单位或者人员提供的资料进行调查，并且保护申诉人的信息安全。

（4）关涉反腐败的内容。

奥地利 2008 年 BIT（双边投资条约）范本的序言中，“强调一切国家政府及个人行为体遵守联合国和 OECD 反腐败成果的必要性，尤其是 2003 年《联合国反腐败公约》”①。挪威 2007 年和 2015 年 BIT 范本也都在序言中要求缔约方“防止和打击腐败”②。这些内容，可

① Austria Model BIT 2008, Preamble.

② Norway Model BIT 2007, 2015, Preamble.

以起到宣示规则的目的和宗旨的作用。虽然对腐败问题的规定过于原则性，缺乏实际可操作性，但在实体规定与程序规定中可以弥补其缺陷。

也可以考虑在总则中确立专门的反腐条款。如，在日本签订的BIT中，大多包含“反腐败措施”条款，缔约国需依其本国法律法规采取措施并付出努力以预防和打击投资条约所涉事项内的腐败行为。[①] 该条款以“应当”（shall）用语要求各国承担采取反腐败措施打击腐败的义务，更加能够体现国际投资领域的反腐败要求。又如，2017年《世界投资报告》显示，近期已经有国家在国际投资协定中明确规定腐败问题。例如摩洛哥-尼日利亚BIT与巴西-秘鲁BIT禁止投资者行贿政府官员，并否认以腐败或其他违法方式确立、运营的投资受保护的权利。

**2. 反腐败实体规定**

（1）“亲”“清”新型政商关系的构建与廉洁营商环境的建设。

新型政商关系规定公职人员在与企业交往中，要待人亲切，做人清白，竭诚服务，支持企业发展，不搞权钱交易，不以权谋私。

党的十八大以来，习近平对官商关系新生态作出过重要论述。2013年全国两会期间，习近平指出：“‘官’‘商’交往要有道，相敬如宾，而不要勾肩搭背，不分彼此，要划出公私分明的界限。”这指明了官商关系的界限。2016年3月4日，习近平首次用“亲”“清”二字定位新型政商关系，指出：对领导干部而言，所谓“亲”，就是要坦荡真诚同民营企业接触交往，特别是在民营企业遇到困难和问题的情况下更要积极作为、靠前服务，对非公有制经济人士多关注、多谈心、多引导，帮助解决实际困难，真心实意支持民营经济发展。所谓“清”，就是同民营企业家的关系要清白、纯洁，不能有贪

① 日本从2007年6月14日与柬埔寨签订的BIT开始广泛地采用反腐败措施条款。详见Agreement between Japan and the Kingdom of Cambodia for the Liberalization, Promotion and Protection of Investment（2007）, Article 10.

心私心，不能以权谋私，不能搞权钱交易。对民营企业家而言，所谓“亲”，就是积极主动同各级党委和政府及部门多沟通多交流，讲真话，说实情，建诤言，满腔热情支持地方发展。所谓“清”，就是要洁身自好、走正道，做到遵纪守法办企业、光明正大搞经营。这指明了新型政商关系的科学内涵，给公职人员如何处理政商关系指明方向，划出底线。公职人员既要把主动服务民营经济发展作为分内之事、应尽之责，也要在交往中做到相敬如宾、彼此清白。

（2）公职人员廉洁从业规则。

公职人员廉洁从业规则应包含适用人员、考试录用制度、职业道德和廉洁培训制度、回避制度、禁止性条款、从业限制、财产申报制度、定期轮换、处罚措施。

适用人员。应当涵盖所有与投资、贸易、政府采购相关的公职人员。

关于考试录用制度。在进行公职人员的选拔时，应该坚持考试录用与调任并举的做法。同时从防止利益冲突的角度出发，列出禁止担任某一贸易领域公职人员的特殊情况，并要求公职人员必须合法谨慎地使用被赋予的权力，不得滥用权力扰乱市场贸易经营的正常发展秩序。

关于职业道德和廉洁培训制度。公职人员职业道德和廉洁培训是提升公职人员职业道德水平和廉政服务意识的重要途径，公职人员必须定期参加职业道德和廉洁培训及考核，并将培训考核结果作为公职人员选拔任用的重要标准、考核奖励的重要依据、监督约束的重要手段，把加强公职人员职业道德与廉洁从业建设和健全公职人员管理制度紧密结合起来。

关于回避制度。政府公职人员在从业期间，如果本职工作与其个人利益存在关联，则应当适用回避制度，避免因自身利益而使得其独立性受到影响。同时对需要回避的工作人员进行合理合规的工作分工或岗位调整。

关于禁止性条款。禁止性条款应当规定属于公职人员腐败行为，包括已经完成了的支付行为和承诺在未来进行的支付行为；贿赂的手段则包括有形财产和无形的好处。如若违规操作，将对公职人员停职和免职。同时可以设立负面清单，例如酌情采取措施查明参与公司的设立和管理的法人和自然人的身份等，禁止公职人员从事任何商事经营活动。

关于从业限制。负责贸易工作的政府公职人员在离职或者退休的一定年限内，禁止在同行业的组织内任职高级管理人员以及其他对公司的经营起到影响作用的职位，也不得从事和原来业务领域直接关联的活动，以防止公职人员在任职期间对有关组织输送利益。

关于财产申报制度。贸易部门的公职人员都应当进行财产申报，申报的内容包括本人及其配偶和子女的涵盖所有类型的收入，包括土地、房屋等不动产和投资收益、劳务报酬等。财产申报的种类也应当进行规定，其一是任职前的申报，公职人员被录用之后，就应当申报个人的财产；其二是任职后的申报，每一年度都在年末进行本年度的财产申报；其三是变动申报，与前一年度相比较新增财产来源以及超过一定金额的收入，都应该提前申报，并说明变动的原因；其四是债务的单独申报，在公职人员任职之前以及任职之后，都应当如实声明自己没有陷入债务危机。在政府公职人员申报自己的财务状况之后，还需要专门的审查机构对相关材料的真实性、完整性以及财产变动的合理性进行调查，发现问题也应当规定处理的程序。同时，东盟成员国也应当定期召开贸易领域公职人员廉洁从业会议，成员国汇报本国在制度建设以及执行层面的情况，互相交流经验。

关于定期轮换。负责贸易政策制定以及行政审核的公职人员，都应当在贸易领域内进行一定的轮换，包括地理位置以及部门职位的变动，避免同一人在同一岗位任职时间过长，加大腐败的可能性。

（3）预防措施。

对腐败现象最好的遏制方式是从源头进行治理，直接消减腐败现象的出现。针对腐败行为，要有相应的预防措施，净化“一带一路”倡议下东盟国家的投资、贸易、政府采购等领域的廉洁环境。反腐败预防制度包括：

第一，设立东盟专门的反腐败机构，针对投资、贸易、政府采购等领域的腐败行为，赋予其调查等权力。投资反腐败机构权力的设置需要遵循广泛性与独立性的原则，要赋予投资反腐败机构足够的权力。

第二，联合民众力量，赋予民众检举、揭发腐败行为的权利，对于民众的举报行为可以进行适当鼓励，另外要做好民众身份信息的保密工作，必要时，加大对民众人身与财产安全的保护力度。

第三，全过程廉洁审查与调查制度。“一带一路”倡议下，东盟境内一旦出现投资腐败行为，必须全面调查整个投资行为，贯穿外国投资者进入东盟投资市场的准备阶段，入市后退市前的经营管理阶段以及退市时的收尾阶段。

第四，腐败惩治制度。严肃处理腐败行为，任何腐败行为都反映了行为主体的懈怠，必须严肃处理。对腐败行为的处理方式多样化，涉及民事赔偿、行政处罚甚至刑事定罪。

第五，廉洁行为培训制度。如，外国投资者投资廉洁行为培训。负责培训的人员可以是外国投资者母国的负责境外投资管理的部门，也可以是来自东道国投资审查部门的相关人员。实施这一举措的主要方式是在研究东盟国家的投资环境之后，定期对外国投资者进行相关培训，这里的外国投资者既包括有投资东盟意向的外国投资者，也包括已经投资东盟的外国投资者。

第六，企业廉洁合规制度。如，外国企业廉洁制度制定。要求外国投资者主动避免投资腐败。对已经投资东盟的外国企业，要求在企业开始运营之初，就应当制定相应的企业内部廉洁制度甚至写入企业章程。具有投资东盟意向的外国企业，应当提前做好企业内部廉洁制度的建设。通过制度来约束和规范企业内部人员的行为，避免在东道国出现投资腐败，损害企业声誉。

第七，廉洁指数评价制度。如，东道国投资相关人员廉洁指数评价，这里的东道国投资相关人指的是外国投资者在东盟进行投资时，一般情况下可能接触到的投资把控人员，主要包括审批人员、评估人员、监督人员等。针对这部分投资相关人员应当规定相应的考察指数——廉洁指数。这一指数受多方面因素的影响，如工作态度、工作质量、工作数量、财产申报等因素。通过廉洁指数评价，进而规范其行为，预防腐败现象发生。

第八，监测东盟国家投资环境状态。东盟成员国投资环境存在明显差异，要时刻监测其投资环境状态，提升东盟成员国整体的投资环境，遏制腐败现象的发生。

第九，外国投资者竞争制度。外国投资者的较大投资项目采取竞争的方式，如招标、拍卖等，这种方式均具有公开、透明的特点，一定程度上可以减少投资腐败问题的出现。

（4）反腐败的经费来源。

设立专门的反腐败基金。长久反腐、高技术调查手段都离不开大量的资金支持。关于反腐败经费的储备，其基金来源包括企业捐款、东盟成员国政府支持基金、腐败罚款等。

**3. 反腐败程序规定**

程序法为实体法的实施助力，确保实体法能够严格正确贯彻实施。“一带一路”倡议下东盟国家投资、贸易、政府采购等领域反腐败程序立法是在腐败行为出现后，对其进行的调查、处理等程序性事项的规定。要充分体现对投资腐败行为的严肃处理态度。主要涉及以下方面：

（1）以投资腐败行为为中心的腐败行为的发现、调查、处理程序。

投资腐败行为一般比较隐蔽，不易被察觉。反腐败机构应当发动一切可行的力量，让腐败行为无处遁形。其中民众和社会的力量是不可忽视的。如，投资腐败行为显现方式包括投资腐败行为主体承认、外国投资者自查、东道国审查人员发现、民众举报、媒体曝光和监督机构发现等。对于民众举报可以适当给予鼓励，并做好对民众的保密与保护工作。

关于腐败行为调查程序。投资腐败行为的调查权主要由投资反腐败机构享有。其调查活动独立进行，不受干预，必要时可以申请其他部门给予协助。

关于腐败行为处理手段。对外国自然人投资人的处理手段包括：罚款，行政拘留，冻结、扣押和没收犯罪所得，管制，拘役，有期徒刑，无期徒刑，死刑。对外国企业投资人的处理手段包括撤销或者解除合同，罚款，取消外国腐败企业的投资资格，勒令投资者退出东盟市场，冻结、扣押和没收犯罪所得。外国企业的相关负责人则需要接受罚款，行政拘留，冻结、扣押和没收犯罪所得，管制，拘役，有期徒刑，无期徒刑，死刑的处理手段。对东道国投资审查公职人员的处理手段包括：警告，记过，调职，降职，撤职，开除，冻结、扣押和没收犯罪所得，管制，拘役，有期徒刑，无期徒刑，死刑，等。对东道国第三方评估机构的处理手段包括：罚款，停业整顿，取消评估资格，冻结、扣押和没收犯罪所得。以上手段各国可根据自己的法律体系具体规定，涉及管辖权问题时，根据《联合国反腐败公约》第四十二条管辖权的规定执行。

（2）构建各类项目统一招投标、监管、责任追究制度。

构建统一招投标信息平台，通过专门媒体把招投标活动的公告发布、投标报名、资格预审、开标、评标等各个环节置于公开、透明的环境下，实现招投标过程的动态公开，接受监督。规范和完善招投标举报投诉处理机制。[①]

构建完备高效的各类项目统一监管体系。建立严格透明的项目

① 杨飞虎. 公共投资腐败治理的国际经验与借鉴［J］. 经济社会体制比较，2010（4）：92-100.

操作程序和全过程监管体系，引入民主监督机制，建立项目运作“黑名单”制度，在最大程度上让腐败行为无所遁形。①

建立一套符合中国—东盟实际情况的关于项目进程评价的量化指标体系，制定规范的项目信息报告制度。②

构建各类项目统一责任追究制度。对项目责任追究制度的原则、组织实施程序、问责范围、举证和调查、问责方式、问责监督机制等作出统一规定。实行责任追究终身制，以威慑公共领域腐败行为的发生。③

（3）反洗钱规则。

制定中国—东盟反洗钱统一规则，以拓展反洗钱义务主体范围；界定洗钱的上游犯罪类型、犯罪主体以及必要条件下的司法互助等内容；制定并实施一套完整的反洗钱实施细则；确立监管机关，并在其内部设置专门的职能部门全面负责反洗钱事务，并向被监管机构提供明确反洗钱指引等。

此外，建立交流培训机制，共同打击洗钱犯罪。一是建立打击洗钱犯罪年度会议机制，以便掌握最新的洗钱趋势，共同研究应对措施；二是开展打击洗钱犯罪技术和装备研发合作；三是开展打击洗钱犯罪的人员培训与交流；四是建立打击洗钱犯罪的专项工作组，来打击特定的案件，侦查、交换案件，加强情报和信息共享与合作。

（4）引渡规则。

实践中，境外司法协助、引渡合作时间短则三五年，长则十几年的案件并不少见。如何解决上述问题，学界提出以下三种建议：①在国家之间的刑事司法协助与引渡条约中明确规定司法协助、引渡合

① 杨飞虎. 公共投资腐败治理的国际经验与借鉴［J］. 经济社会体制比较，2010（4）：92-100.

② 杨飞虎. 公共投资腐败治理的国际经验与借鉴［J］. 经济社会体制比较，2010（4）：92-100.

③ 杨飞虎. 公共投资腐败治理的国际经验与借鉴［J］. 经济社会体制比较，2010（4）：92-100.

作的国际适用程序，使各国的国内司法程序差距减小。②在条约中将各国进行司法合作的时间确定下来，加强各国司法协助、引渡合作的时间义务。③在条约中并不明确规定司法协助、引渡合作的国际适用程序，而是要求各国在国内立法中规定特别程序，对涉及国际性质的腐败案件专门适用，并设专门机构予以处理。[①] 笔者认为，APEC 成员间应明确引渡时间的义务，防止时间的不当延长导致贪腐案件难以有效追究，同时在《北京反腐败宣言》设立秘书处的基础上组建其他反腐败的具体职能部门，确保反腐信息交流、反腐信息处理的有效性和及时性。

（5）涉案财产追回规则。

追回涉案财产时，要有清晰的行动方案。首先，需要确定涉案财产的数额。其次，追踪涉案财产去向，东盟投资反腐败机构可以依法冻结、扣押涉案财产。最后，需要通过提起民事诉讼、支付补偿或者损害赔偿等方式追回犯罪所得。

各成员间必须协调好财产没收令的权限，规范没收流程，在防止和监督腐败资产的流动、直接追回腐败资产、间接追回腐败资产、财产的返还以及处理等领域达成一致意见，防止没收程序受阻影响追赃流程的推进。

（6）技术援助和信息交流。

反腐败公约规定各缔约国都应当建立相应的技术援助和信息交流机制。技术援助的范围包括监测投资环境技术、投资腐败行为侦查手段、惩治投资腐败行为的措施、监测和冻结犯罪所得转移技术、监控犯罪所得窝藏与演示方法以及保护证人与举报人的方法等技术。信息交流的内容为：对投资腐败的定义和标准、投资腐败的趋势、投资腐败犯罪实施的环境、关于投资腐败行为的相关统计数据以及投资反腐败政策和措施等信息。

---

① 陈结森.《联合国反腐败公约》框架下我国反腐败国际合作机制的构建与完善［J］. 法学评论，2007（5）：54-61.

（7）公众参与制度。

东盟各国应增强公众反腐败意识，采取措施促进公共部门外的个人及包括私营部门、民间团体、非政府组织等在内的团体积极参与对国际贸易腐败行为的预防和打击，例如开展公共教育活动、激励企业设立并公开其内控及合规措施等。

（8）监督机制。

建立腐败举报、申诉平台，加强对举报人的保护，同时鼓励私营部门在进行国际贸易交往中加强对合作方的监督，建立专门的举报机制来打击和制止贸易交往中的腐败行为，不仅对自身，也对贸易合作方提出反贿赂、反腐败的要求。

（9）法律责任。

腐败犯罪的主体包含了公职人员（也包括国有企业、事业单位工作人员）以及企业、团体或个人，只有在法律条例中明确规定各方的责任，才能起到威慑违法意图以及惩罚违法行为的作用。

①公职人员的违法责任。公职人员利用职务之便进行贪污和受贿，可以根据其涉案的金额大小以及案件的严重程度，给予其行政甚至是刑事处罚。其中行政处罚包括给予降职处分、停职查看以及撤职处分等，刑事处罚包括有期徒刑、无期徒刑以及罚金。

②企业、团体或个人的违法责任。对于行贿方即参与投资、贸易、政府采购的企业、团体或个人来说，其所承担的责任可以有以下几种：

民事责任：由于腐败行为的存在导致其他企业或者个人的利益受到损害，行贿的企业、团体或个人应当承担赔偿责任。

行政责任：对于行贿的企业，可以根据涉案的金额大小以及情节严重程度，考虑惩罚性的行政罚款，用高达几倍甚至几十倍的罚款来起到处罚的效果。

刑事责任：刑事处罚可以包括巨额的罚款以及对有关责任人实施监禁等措施，同时设立法人刑事责任。东盟国家也可根据国内法律的有关规定，确定相应的处罚措施。

法律责任的追究既是对腐败行为主体的惩罚，也是对其他行为主体的警示，有利于东盟廉洁环境的维护，提升中国—东盟经贸合作的廉洁度。

此外，还要在证人保护统一规则、鼓励利益相关方参与反腐败统一规则、反腐败能力建设合作统一规则、反腐败经验分享与交流统一规则等方面做好设计。

## 七、制定与实施中国—东盟区域反腐败统一规则应注意的问题

### （一）成立中国—东盟区域反腐败统一规则实施专门委员会

该专门委员会是指为解决在适用中国—东盟区域反腐败统一规则时产生的问题的专门机构，旨在促进反腐败统一规则的有效实施。专门委员会的决定须由中国—东盟各方通过协商一致作出，其职能主要包括：

评估处理统一规则实施过程中的争议及难题。国际贸易涉及的专业领域众多，需要从东盟国家中选取专业能力强且有声望的专家学者，组成一个专门委员会，在反腐败专门机构面临专业判断的难题时，可以每隔一段固定的时间，提请专门委员会分别进行评估，在汇总专家评估意见并进行有效磋商讨论后，得出处理结论。

审议东盟贸易领域相关规则的公开度和透明度及相应规则的实施，在提高贸易规则、适用程序及行政裁定透明度的同时，确保东盟有关国家能有效实施上述规则。

## （二）推进策略

重新修订《东南亚国家联盟宪章》，将共同打击投资、贸易、采购、金融等领域的腐败行为、腐败犯罪纳入宪章的具体目标，将反腐败合作纳入各国合作的战略规划中，尽量消除各国反腐败法律制度的差异。

以投资、贸易、采购、金融等领域规则一体化为突破口，由简入难分批推进，逐步实现中国—东盟域内的反腐败规则的一体化。

在建立区域内统一反腐败经贸规则的同时关注各国实际困难，是“一带一路”域内反腐败规则一体化成功的关键。先推进比较容易实现的，然后逐步推进，实现“一带一路”倡议下的域内反腐败规则统一，从而以集体力量参与最终的反腐败国际规则的制定。

## （三）专门机构与其他部门的合作与协调

东盟成员国应当意识到反腐败是一个系统工程，只靠反腐败专门机构是无法取得很好的效果的，需要其他部门的协助与配合，才能发挥作用。

反腐败专门机构需要贸易部门提供案件的情况，需要税务部门提供涉案企业或个人的税务情况，需要海关提供进出口的有关信息，需要执法部门协助采取强制措施，需要检察机关协助对有关责任人进行诉讼。同时，针对跨国的案件，也需要建立国家合作模式，不同国家的反腐败专门机构也需要互相交换信息、协助查案等。

总之，想要将反腐败工作做好，就必须让政府部门各司其职，必要时为反腐败专门机构提供支持与帮助，共同做好腐败的预防和调查工作。

## （四）实施后评估

### 1. 对成员国反腐败工作审查

在反腐败统一规则之中，也应当规定定期审查条约的履行情况，可以采取审查小组现场检查以及自评报告交流大会的形式。

结合东盟当前的实际，东南亚反腐败联盟会议为东盟各成员国提供了汇报评估进展和结果的良好平台。在反腐败履约工作审查时，可以借鉴《联合国反腐败公约》中规定的履约审议机制，首先由东盟贸易反腐败专门机构拟定评估清单，并确定进行审议的审议国和被审议国，然后由被审议国根据评估清单，对国内为实施统一规则所采取的措施和取得的阶段性成果进行整合，整理出一份自我评估报告，提交审议国进行审议。审议国通过对评估报告所述内容的审查，并结合自身通过实地调查、举办听证会等方式收集的被审议国履约的相关信息对被审议国的自我评估报告进行全方位审议，将审议的结果及时与被审议国进行沟通，并在反腐败联盟会议上汇报最终的审议结果，审议结果中应指出被审议国在履约过程中存在的问题以及对被审议国今后的履约行动提出建议。

### 2. 合法性的评估

中国—东盟区域反腐败统一规则从性质上来说属于国际法，需要得到缔约国的承认才能得以执行，对其合法性的评估就是要评价有关条约是否与现有法律体系冲突。中国—东盟区域反腐败统一规则制定的过程就是以各国现有贸易领域反腐败法律体系作为基础，同时根据中国—东盟区域内贸易的现状借鉴各国贸易规则中的反腐败内容来确定有关规则内容，之后由各成员国在实施反腐败统一规则的过程中根据各自的义务进行国内法的立法及完善。

基于以上的立法过程，“一带一路”倡议下中国—东盟区域反腐败统一规则具有很好的实施基础，能够很好地与国内法以及多边条约进行衔接和适用。

**3. 对立法效益的评估**

中国—东盟近些年来一直在为建成一体化经济体而努力，而“一带一路”倡议下中国—东盟区域反腐败统一规则作为东盟国家的公约，能够为中国—东盟实现一体化的进程起到加速的作用。反腐败统一规则的订立，有利于中国—东盟国家深入交流各国的法律体系以及贸易规则，增进中国—东盟国家间的互信，为中国—东盟下一步的合作打下很好的基础。同时，中国—东盟在制定反腐败统一规则时大量吸收和借鉴了国际贸易规则中的反腐败内容，极大地促进中国—东盟区域内反腐败规则与国际贸易反腐败规则形成对接，推动中国—东盟更好地融入全球贸易发展之中。

# 第六章　推进全球性反腐败立法研究：以“一带一路”廉洁建设公约等四部公约的制定为例

目前，共建“一带一路”已成为深受欢迎的国际公共产品和国际合作平台。[①] 有报道称：截至 2023 年，“一带一路”倡议共有 151 个国家和 32 个国际组织参与，惠及全球 60% 的人口，占全球 GDP 的 30% 和全球能源储备的 75%。[②] 而联合国的会员国截至 2023 年也才 193 个。[③] 所以，无论是从规模、范围，还是内容等各个方面来说，“一带一路”建设都够得上是全球性国际合作公共平台。故此，从一定意义上说，“一带一路”反腐败立法其实就是全球性反腐败立法。因而，本章选择中国推进“一带一路”反腐败立法为研究对象，实际上涵盖了中国推进全球性反腐败立法的意蕴在内。

---

① 人民网. 党的二十大报告［R/OL］.（2022-10-26）. http://cpc.people.com.cn/GB/64162/448633/.

② 欧洲学者：“一带一路”框架下中国在欧投资，与沿线国家达成双赢［N］. 中国日报，2023-05-05.

③ 2011 年，南苏丹共和国加入联合国。联合国的会员国达 193 个。

# 一、“一带一路”参与国家廉洁建设现状研究

## （一）“一带一路”参与国的廉洁概况与分析

“一带一路”建设涉及欧、亚、非三大洲，沿线国家有65个之多，参与方达100多个国家，30多个国际组织。在“一带一路”参与方中，法治和廉洁发展水平差异很大。既有廉洁的英国、德国、法国、新加坡等国，又有东南亚、中亚、西亚、北非地区的腐败严重的国家。

2023年1月31日，透明国际公布了2022年度的全球清廉指数，对全球180个国家及地区的清廉程度进行了排名。排名涵盖了“一带一路”沿线65个国家中的61个国家（其中文莱与巴勒斯坦没录得数据）。大多数国家清廉度较差，一些国家还是腐败的重灾区。这61个国家的清廉指数平均得分仅有39.75分，比全球平均分低了3.22分，这意味着沿线国家的腐败程度整体高于全球平均的腐败程度。在25分以下的极端腐败国家中，2022年有10个“一带一路”沿线国家入列；得分在25—50分的腐败现象比较严重的国家有38个；得分超过50分存在轻微腐败的国家有14个。①

可以说，“一带一路”建设所涉及的区域涵盖了全球的高腐地带。而这些高腐沿线国家的腐败问题，是“一带一路”廉洁建设所面临的最大的挑战。

① 亚布力中国企业家论坛．“一带一路”沿线国家的腐败风险：2022年清廉指数解读［EB/OL］．［2023-02-10］．http：//mp. weixin. qq. com/s？-bizo=MjMsNDAINzlwMA==&mid=2650650881&idx=1&sn=d63afbb270ffdq5c281043ecfba4ebo3&chksm=27

## （二）“一带一路”参与国现有反腐败合作制度缺失分析

“一带一路”参与国几乎涵盖了所有全球性、区域性国际组织的成员国，当然包含 APEC 成员、G20 成员国等，对“一带一路”参与国现有反腐败合作制度的分析，以 APEC 成员、G20 成员国为典型来进行分析。

第一，不少概念不统一。“一带一路”沿线国家之间对反腐败国际公约和区域性协定等的适用存在差异性，甚至对反腐败的法律概念及操作要求也缺乏明确性和统一性。如《联合国打击跨国有组织犯罪公约》（UNCATOC）第 13 条第一款规定的“没收”，应由哪一个机构作出决定？检察机关作出的决定是否有效？一国法院未依定罪判决所做的没收令是否能够被执行？又如，该公约第 15 条规定的“同一行为”如何理解？通过金融机构支付走私款是“走私”一个行为还是“走私”和“洗钱”两个行为？这些问题在 APEC 成员间的理解并不完全一样。这种差别现实地影响了各国（地区）之间合作反腐的内在动力和一致行动。[①] 如：某些国家仍未将跨国贿赂列为犯罪，包括德国、英国等国的法律曾经规定，贿金支出可以免予纳税或减税。目前，“一带一路”沿线的发展中国家还存在这种现象。虽然多数国家对打击本国公职人员的腐败行为不遗余力，但对私营部门之间的行贿规范却较宽松。[②]

第二，缺少一体化的程序。尽管有一些沿线国家和地区已经就刑事司法协助制定了相关规则、签订了一些协定，《廉洁丝绸之路北京倡议》也为执法一体化提供了一定的机构保障。但至今尚没有被各

① 楼伯坤. APEC 成员合作反腐司法一体化机制构建［J］. 中国法学，2016（2）：184-203.

② 刘翔峰，苑生龙. “一带一路”建设中的廉洁问题［J］. 东亚评论，2019（1）：163-186.

成员共同遵循的刑事司法程序或区域司法合作程序。[①]

第三，有些制度的操作性差。在反腐败合作涉及引渡问题时，国家主权原则起了非常重要的作用。无论是同意引渡还是不同意引渡，主要还在于国家的态度。[②] 而联合国协调行政委员会第44条第4款既强调要将该公约适用的各项犯罪均作为可以引渡的犯罪，又规定不被作为政治犯引渡还需要缔约国本国法律允许。可见，公约并没有硬性规定腐败犯罪不得被视为政治犯。这种尴尬局面的出现，“可以说是一种不得已的做法，也是妥协的产物”[③]。该条文的第16款有关“涉及财税事项”的规定同样会受到双重犯罪标准的限制而不予引渡。因为一个国家的财税制度与国际通行的标准不符是一种常见现象，尤其是在发展中国家。因此，以此为由拒绝引渡是顺理成章的事情。[④] 此外，缺乏引渡条约等反腐合作机制的情况也不少。据不完全统计，在60多个“一带一路”建设相关国家中，既没有与中国签订引渡条约，也不存在司法协助的政府协定，还不承认以《联合国反腐败公约》为引渡依据的国家有12个。与这些国家开展反腐败合作，面临着没有正式合法渠道的难题。[⑤]

第四，不少参与国缺乏诚信、透明、廉洁的营商环境。这些参与国政府决策透明度并不高，司法系统受到各方干预较多。如在办理许可证、执照、报表等时公然索贿，税务申报需要支付好处费，海关需

---

① 楼伯坤. APEC成员合作反腐司法一体化机制构建［J］. 中国法学，2016（2）：184-203.

② 一个国家在权衡和决定对犯罪嫌疑人是引渡国外还是在本国起诉时应当考虑哪种选择更有利于司法公正，即在哪里管辖更有助于客观、及时和充分地获取证据，查清犯罪事实，使犯罪嫌疑人得到公正和全面的审判。参见黄风.“或引渡或起诉”法律问题研究［J］. 中国法学，2013（3）：180-191.

③ 储槐植，郭明跃. 联合国反腐败公约与中国反腐败国际合作研究［J］. 刑法论丛，2007（1）：501.

④ 楼伯坤. APEC成员合作反腐司法一体化机制构建［J］. 中国法学，2016（2）：184-203.

⑤ 刘翔峰，苑生龙.“一带一路”建设中的廉洁问题［J］. 东亚评论，2019（1）：163-186.

要额外付费，海外投资需要支付回扣，东道国招标项目不能排除有腐败罪行的公司参与公开招标，为确保或加快常规工作进程、司法程序或其他行政程序需要额外付费，等等。

第五，遭遇国际司法协助的困境。不少参与国意图对跨国贿赂行为实行管辖，如果贿赂行为是通过设立在东道国境外的母公司或其他子公司施行，要进行管辖，必须通过引渡。这不仅仅需要两国之间签订引渡条约或满足其他引渡条件，还受制于“双重犯罪”原则，即该罪行在被引渡国也必须被认定为犯罪。① 而某些国家并不将贿赂外国公职人员或私营部门认定为犯罪，因而引渡可能难以进行。此外，调查取证、查封、扣押、没收违法所得等司法协助行为也需要国家之间的合作。②

第六，国际反腐合作领域的一些不公平障碍。如，据不完全统计，有大约30%的全球投资通过海外避税天堂中转，而这些赃款被归类为“非正常资金流动”，被排除在《联合国反腐败公约》打击范畴之外。又如，由于制度差异，能否追回被贪官卷走的巨额资产，也存在着政治因素。有观察人士指出，俄罗斯的执法部门希望与英国等西方国家联手合作，遣返贪官，追回被盗资产，却一再无功而返，这其中政治对抗、国家间经济制裁的因素十分明显。而对于埃及、突尼斯提出的追逃追赃要求，西方国家则高看一眼，2011 年的 G8 峰会还特别就帮助这些国家的“民主过渡”提出新倡议。③

① 现代刑事司法协助条约摒弃了传统上要求罪名和构成要件完全统一的做法，采用“实质类似”的标准，即只要某一行为按照请求国的法律和被请求国的法律都作为犯罪加以触犯，就符合“双重犯罪”的要求，而不必要求罪名的表述和犯罪构成的要求相一致。

② 刘翔峰，苑生龙.“一带一路”建设中的廉洁问题［J］. 东亚评论，2019（1）：163-186.

③ 陈晨晨.【专家谈】G20 杭州峰会，中国“国际反腐话语权”再升级［EB/OL］.（2016-08-29）. http：//opinion. people. com. cn/n1/2016/0829/c1003-28673787. html.

## 二、全球性经济合作与发展何以需要全球性反腐败立法：以“一带一路”建设何以需要廉洁建设与反腐败规则为例

### （一）引导国际社会共同塑造更加廉洁、公正、合理的国际法治新秩序的需要

当今世界，大国博弈加剧。随着中国的和平崛起，西方国家越来越恐慌。美、英等西方大国的政要，以及北约的首脑，为防止中国的崛起，极尽抹黑中国政府和企业的廉洁形象、打压中国经济与企业之能事，不断营造“围剿”中国的战略态势。面对这样严峻的国际形势，我们必须要不断提升话语权，提出具有中国元素的国际规则草案与方案，推进国际规范体系的更新和优化，尤其要不断加强反腐败国际合作，加大海外追赃追逃、遣返、引渡力度。只有这样，才能保障“一带一路”廉洁建设的高质量发展，才能保障“一带一路”建设行稳致远。

### （二）国际社会对于建设“廉洁丝绸之路”的期望值非常高

党的十八大以来，在以习近平同志为核心的党中央领导下，中国的反腐败工作取得了巨大的进展，受到了国际社会的广泛肯定。中国在国际反腐败合作当中也在扮演越来越重要的角色。我国一方面加强了追逃追赃的力度，一批外逃的贪官被遣返或引渡回国受审；另一方面，中国与更多的国家签订了双边司法引渡协议或司法协助协议等，一系列“中国方案”“中国主张”正推进国际反腐合作向纵深发展。

通过在“一带一路”的框架下进一步提出建设“廉洁丝绸之路”，这既是一种新的尝试也是对国际反腐败合作的重要贡献。

2017年5月，在首届“一带一路”国际合作高峰论坛上，习近平主席郑重提出，加强国际反腐合作，让“一带一路”成为廉洁之路。在和平合作、开放包容、互学互鉴、互利共赢的丝绸之路精神指引下，廉洁之路逐渐从理念转化为行动，从愿景转化为现实，凝聚起国际社会的广泛共识。当2019年4月25日，第二届“一带一路”国际合作高峰论坛廉洁丝绸之路分论坛在北京举行时，有来自30个国家和国际组织的代表150余人参会。来自“一带一路”参与国的政要表达了他们对建设“廉洁丝绸之路”的期待与憧憬，期待在“廉洁丝绸之路”建设的框架下进一步开展国际反腐败交流与合作。

古巴国务委员会副主席兼总审计长贝赫拉诺说：“参与‘一带一路’建设，打造规范化、法治化营商环境，古巴的态度是坚定的。”古巴以法治为基础，遵循透明原则，积极履行政府公共服务职能，实行有责必问，强调公民参与，积极应对和打击腐败，也期待与“一带一路”共建国家加强交流合作。①

哈萨克斯坦公务员与反腐败署办公厅主任阿赫梅特让诺夫介绍，在世界银行发布的2019年全球营商环境报告中，哈萨克斯坦位列第28位。该国正在打造服务型政府，推动政府工作的自动化和数字化，目前已有78%的政务工作实现了数字化，“完全不需要与政府部门面对面”；未来预计实现90%的数字化，剩下的10%通过“一站式服务”进行，从而打造更加廉洁高效的营商环境。②

博世（中国）投资有限公司亚太区总法律顾问杜戈立说：“合规是企业取得成功不可或缺的要素，也是企业履行社会责任必须承担

---

① 瞿芃. 让廉洁种子撒满“一带一路”：廉洁丝绸之路分论坛侧记［N］. 中国纪检监察报，2019-04-28（4）.

② 瞿芃. 让廉洁种子撒满“一带一路”：廉洁丝绸之路分论坛侧记［N］. 中国纪检监察报，2019-04-28（4）.

的工作。作为最早到中国投资的跨国企业，我们坚定支持中国政府改善营商环境举措，也期待与各位在合规方面进行合作，共同建设廉洁丝绸之路。”①

柬埔寨反腐败委员会副主席雍西纳说：“反腐败始终是柬埔寨的一项重要议程，我们为实现廉洁与善治推行了‘五管齐下’的措施，即照镜子、洗洗澡、搓搓泥、治治病与动手术。”柬埔寨正在起草司法协助法，期待与相关国家进一步开展司法互助，共同打击腐败。②

格林纳达金融情报局局长皮埃尔表示：“我们有一个共同的敌人就是腐败。反腐败要想成功，必须在国际层面进行全面的无保留的合作。过去几年，我们和中国开展了一系列合作，在追逃追赃方面提供了帮助，我们也会竭尽全力与各有关国家进行反腐败合作，使犯罪分子能够被绳之以法。”③

菲律宾总统反腐败委员会主席丹地说：第二届“一带一路”国际合作高峰论坛廉洁丝绸之路分论坛“是一个具有历史意义的论坛，希望在座各位能够把这里的意见和声音带回到自己的国家，传递给本国政府和本国人民，将廉洁的种子播撒到‘一带一路’各个角落”④。

博茨瓦纳驻华大使莫图西·帕拉伊说：“中国这么大一个国家，用这么大力度反对腐败，在每个国际场合都积极倡导反腐败国际合作，给了我们很大的信心。中国的反腐败工作不仅对中国重要，对每个国家、组织和个人都是非常有益的。我们希望中国能够充分发挥影

① 瞿芃．让廉洁种子撒满“一带一路”：廉洁丝绸之路分论坛侧记［N］．中国纪检监察报，2019-04-28（4）．

② 瞿芃．让廉洁种子撒满“一带一路”：廉洁丝绸之路分论坛侧记［N］．中国纪检监察报，2019-04-28（4）．

③ 瞿芃．让廉洁种子撒满“一带一路”：廉洁丝绸之路分论坛侧记［N］．中国纪检监察报，2019-04-28（4）．

④ 瞿芃．让廉洁种子撒满“一带一路”：廉洁丝绸之路分论坛侧记［N］．中国纪检监察报，2019-04-28（4）．

响力，带领其他国家投入到共同打击腐败的工作中来。”①

## （三）“一带一路”反腐败规则制定的必要性研究

### 1. 贯彻落实习近平关于“把‘一带一路’建设成为廉洁之路”重要论述的需要

将“一带一路”建设成为廉洁之路，是习近平在 2017 年 5 月举行的首届“一带一路”国际合作高峰论坛上提出的明确目标。2019 年，习近平在第二届高峰论坛开幕式上发表主旨演讲，再次提及“廉洁之路”。“坚持一切合作都在阳光下运作，共同以零容忍态度打击腐败。我们发起了《廉洁丝绸之路北京倡议》，愿同各方共建风清气正的丝绸之路。”在第二届“一带一路”国际合作高峰论坛上，“廉洁丝绸之路”首次成为一个正式的分论坛，以“共商共建共享廉洁丝绸之路”为主题，探讨建设风清气正的营商环境，提升企业廉洁合规经营能力，共建“一带一路”反腐败和法治交流合作平台。这一系列重大举措，充分体现了中国对“一带一路”建设过程中树立廉洁意识、加强反腐败国际合作的高度重视，更彰显了中国推进建设廉洁之路的决心和信心。② 同时，也是落实《廉洁丝绸之路北京倡议》的有力举措和需要。

### 2. 回应“一带一路”参与国家和地区的共同关切与实现其价值追求

中国作为“一带一路”倡议的发起国，明确提出建设廉洁之路的目标，是我们向国际社会作出的庄严承诺。在“一带一路”实践过程中，廉洁理念是各方对参与“一带一路”建设的包括中国企业

① 王少伟. 国际追逃追赃一刻不停歇：2017 年全面从严治党系列综述之五［N］. 中国纪检监察报，2018-01-12（3）.

② 过勇. 建设廉洁之路是共同价值追求［N］. 中国纪检监察报，2019-04-29（3）.

在内的世界各国各地区企业的共同期望，已经成为“一带一路”沿线国家和地区的共同意愿。特别是通过 2019 年廉洁丝绸之路分论坛的举行，廉洁理念更是成为联结“一带一路”的价值纽带，成为推动“一带一路”建设快速健康发展的价值力量。①

近年来，廉洁“一带一路”在反腐败国际合作、廉洁共同体理念传播、廉洁治理等方面取得了重要进展，不断夯实“一带一路”高质量发展的廉洁基础，但也面临部分“一带一路”沿线国家廉洁承载力低、腐败治理基础薄弱、反腐败法律法规体系缺位等挑战。

**3. 推动加强反腐败国际合作的现实要求**

由于不同国家和地区的政治体制、法律制度和文化传统具有很大差异，因此对于腐败和贿赂的界定与认识也会存在明显不同。对于跨国企业来说，在境外的经营与本土有所不同，企业监管的难度也会增加，跨国业务则更加容易滋生腐败。这就需要通过反腐败国际合作进行有效治理。建设廉洁之路目标的提出为进一步深化反腐败国际合作提供了有利契机，中国在这方面已经发挥了良好的表率作用。《廉洁丝绸之路北京倡议》中，明确呼吁要加强对“一带一路”合作项目的监督管理，加强企业自律意识、法律意识和责任意识，坚决抵制商业贿赂行为等，这些举措都是凝聚反腐败国际共识、推进反腐败国际合作的具体实践。②

**4. 为世界反腐败大业贡献中国智慧的有效途径**

中国高度重视建设廉洁之路，不仅体现出中国作为“一带一路”倡议发起国的责任与担当，同时也反映了中国在反腐败方面的坚定自信。党的十八大以来，中国的反腐败工作取得了有目共睹的显著成效，廉政治理体系得到了前所未有的创新发展，开拓探索出了一条具

① 过勇. 建设廉洁之路是共同价值追求［N］. 中国纪检监察报，2019-04-29（3）.

② 过勇. 建设廉洁之路是共同价值追求［N］. 中国纪检监察报，2019-04-29（3）.

有中国特色的日益完善的反腐败道路。这一系列成绩的取得让我们有充足的底气、坚定的信心推动建设好廉洁之路。中国在反腐败方面取得的宝贵经验，对其他国家和地区，特别是对发展中国家、转型国家具有重要的启发意义。在“一带一路”倡议的合作框架下，中国能够更好地将中国反腐败故事播撒在新时代的丝绸之路上，能够更好地为反腐败国际合作贡献中国智慧、分享中国方案。①

**5. 履行《联合国反腐败公约》的法定义务，与联合国2030年可持续发展议程相呼应**

“一带一路”倡议是构建人类命运共同体的重要平台，与联合国2030年可持续发展议程相呼应。《廉洁丝绸之路北京倡议》彰显了联合国2030年可持续发展议程确立的关于“加强追赃和被盗资产返还力度”“大幅减少一切形式的腐败和贿赂行为”“在各级建立有效、负责和透明的机构”等目标。②

## （四）“一带一路”反腐败规则制定的可行性研究

### 1. 立法条件成熟的表现

从2017年习近平提出“把‘一带一路’建设成为廉洁之路”的重要论述以来，经过六年的不懈努力，目前，“一带一路”反腐败规则制定的条件成熟了，时机到了。

一是遇到了一个千载难逢的发展好时代。

二是以《联合国反腐败公约》为核心内容与框架的国际反腐败规则与反腐败合作机制已成体系化，而且相关方面的研究也已很深厚。

① 过勇. 建设廉洁之路是共同价值追求［N］. 中国纪检监察报，2019-04-29（3）.

② “廉洁丝绸之路”倡议打造全覆盖、零漏洞国际反腐合作网［EB/OL］.（2019-04-25）. http：//baijiahao. com/s？d=/631797019207791328&wfr=spider&for=pc.

三是跨境腐败治理积累了大量的经验，培养了大批对反腐败国际规则的不足及各规则之间的矛盾和冲突有充分认识、经验丰富的司法人员。

四是有大量可资借鉴的域外廉洁规则制定的经验。

**2. 沿线国家已具备反腐败规则制定的合意与制度基础**

十八大以来，中国取得了举世瞩目的反腐败成就，为把“一带一路”建设成为廉洁之路奠定了良好的基础。[①]

加强反腐合作已成为国际社会的共识。“一带一路”为各国开展反腐败合作提供了一个新平台。将“一带一路”建设成为廉洁之路，既是中国政府对国际社会的庄严承诺，也符合“一带一路”沿线国家和地区的共同意愿。“一带一路”建设十年来，促进了沿线各国的经济发展，促进了民心相通，沿线各个国家也切身体会到廉洁营商环境的重要性。沿线各国都把反腐败国际合作作为对接“一带一路”建设的一项重要举措。

近年来，廉洁之路理念坚定了各方携手反腐的政治意愿。反腐共识与务实合作一体推进。中国对外缔结了120多项引渡和司法协助条约，促进了反腐败追逃追赃国际合作。反腐败合作已纳入中国与多国“一带一路”合作规划文件，反腐败双边合作更加密切。[②] 这奠定了可行性制度基础。

沿线所有国家几乎都是《联合国反腐败公约》的缔约国。[③] 近年来，中国同“一带一路”沿线国家加强反腐败政策对接，以《联合国反腐败公约》等国际条约和相关双边条约为基础深化反腐败务实合作，围绕“一带一路”区域互联互通标志性项目，坚决打击商业

① 赵阳，刘青. 加强国际反腐合作共建廉洁之路［N］. 法制日报，2019-04-26（2）.

② 李书磊. 携手推进“一带一路”廉洁建设：在第二届“一带一路”国际合作高峰论坛廉洁丝绸之路分论坛开幕式上的主旨讲话［J］. 中国纪检监察，2019（9）：16-17.

③ 截至目前，除叙利亚外的其他沿线国家都已加入公约。弓联兵，王晓青，戚成增. “一带一路”沿线国家腐败风险及应对［J］. 行政管理改革，2019（5）：74-80.

贿赂，取得一系列重要进展。

2016年，中国与“一带一路”建设的沿线国家肯尼亚签署了两国间刑事司法协助条约。作为双方条约签署过程的参与者，尽管“一带一路”建设沿线各国文化各异、法律各异，但这并不是各国加强反腐败合作的障碍，“中国几乎与沿线各国都具备了开展刑事司法合作和引渡合作的法律基础”。①

**3. 欧盟推进刑事一体化的立法经验可以借鉴**

随着中国不断融入国际社会，不断向全球治理贡献中国智慧与方案，尤其是在“一带一路”建设的反腐败与反腐败立法方面，中国也逐渐由参与者变成推进者。中国的国际话语权在不断提升，同时国际责任也不断加大。

如何架构起“一带一路”廉洁建设、刑事司法合作、追赃追逃等方面的公约框架，中国迫切需要欧盟一体化的经验与借鉴。

欧盟一体化，为全球区域发展一体化提供了标杆和范例。从经济一体化入手，欧盟还致力于架构政治一体化、外交防务一体化、刑事一体化等方面。

尤其是刑事一体化。在立法、司法实践上意义重大，如：欧洲统一逮捕令制度、欧洲被判刑人移管制度等就提供了一个很好的借鉴范本。欧盟刑事一体化不但为国际刑事合作和区域刑事合作提供了可复制的制度范例，也表明了未来国际刑事合作的发展趋势。

我们在设计“一带一路”廉洁建设与反腐败规则时，必须强调一体化合作的原则，即制定的“一带一路”反腐败公约与规则必须在“一带一路”参与国国内一体适用，把它确定为法定义务。

① 赵阳，刘青. 加强国际反腐合作共建廉洁之路［N］. 法制日报，2019-04-26（2）.

## 三、全球性反腐败规则制定的依据与法理基础

### （一）实践依据与法理基础：中国是“一带一路”廉洁建设的提出者、贡献者和推进者

2017年5月，中国国家主席习近平在第一届“一带一路”国际合作高峰论坛上首次提出：“要加强国际反腐合作，让‘一带一路’成为廉洁之路。”之后，中国一直在引领“一带一路”廉洁建设。

2017年9月，加强国际合作共建廉洁之路研讨会在北京召开，与会代表就政府如何打造廉洁营商环境、企业如何合规经营、“一带一路”参与方如何加强反腐败国际合作等话题进行深入探讨。这是中国与世界银行首次在廉洁建设和反腐败合作领域举办高级别研讨活动，也是与会各方深化合作、携手反腐、积极共建廉洁之路的良好平台。①

2017年11月，第20次中国—东盟领导人会议发表了《中国—东盟全面加强反腐败有效合作联合声明》，这是中国—东盟领导人会议首次在反腐败领域发表联合声明，开启了本地区携手治理腐败的新篇章。②

2017年12月，中老铁路“廉洁之路”建设在云南启动，中老双方加强反腐败合作，致力于将中老铁路打造成“一带一路”廉洁建设示范工程，③ 建立健全中老铁路廉洁建设长效机制。

2018年1月，“一带一路”沿线有关国家中国企业合规经营培训

---

① 廉洁丝绸之路建设大事记［J］. 中国纪检监察，2019（9）：26.

② 廉洁丝绸之路建设大事记［J］. 中国纪检监察，2019（9）：26.

③ 廉洁丝绸之路建设大事记［J］. 中国纪检监察，2019（9）：26.

班举办，助力中国企业在国际化运营中树立规则意识、提高合规经营能力。①

2018 年 5 月，第二届中拉政党论坛通过了《第二届中拉政党论坛声明》。声明认为，“一带一路”倡议将为中国同拉美加勒比国家开展互利合作搭建新平台，注入新活力，开辟新前景。声明强调，要深入推进反腐败斗争，努力保持先进性、纯洁性以及同人民的血肉联系。②

2018 年 7 月，“一带一路”法治合作国际论坛发表共同主席声明，将廉洁丝绸之路建设纳入其中，呼吁参与方携手加强“一带一路”廉洁建设，强调支持参与方深化司法执法领域合作，将为廉洁丝绸之路建设提供更加坚实的法律支持和制度保障。③

2018 年 9 月，在中非合作论坛北京峰会上，与会中非国家领导人就加强反腐败国际合作达成重要共识，并写入《关于构建更加紧密的中非命运共同体的北京宣言》和《中非合作论坛—北京行动计划（2019—2021 年）》。④

2019 年 4 月，在第二届“一带一路”国际合作高峰论坛上，习近平在开幕式上发表主旨演讲，再次提及“廉洁之路”。“我们要坚持开放、绿色、廉洁理念”“坚持一切合作都在阳光下运作，共同以零容忍态度打击腐败”“愿同各方共建风清气正的丝绸之路”。为建设廉洁丝绸之路进一步指明方向。在廉洁丝绸之路分论坛上，中国与有关国家、国际组织以及工商学术界代表共同发起《廉洁丝绸之路北京倡议》。⑤ 倡议国际反腐合作打造“全覆盖、零漏洞”司法执法合作网。

---

① 廉洁丝绸之路建设大事记［J］．中国纪检监察，2019（9）：26.
② 廉洁丝绸之路建设大事记［J］．中国纪检监察，2019（9）：26.
③ 廉洁丝绸之路建设大事记［J］．中国纪检监察，2019（9）：26.
④ 廉洁丝绸之路建设大事记［J］．中国纪检监察，2019（9）：26.
⑤ 廉洁丝绸之路建设大事记［J］．中国纪检监察，2019（9）：26.

2020 年初召开的中央纪委四次全会提出，推进“一带一路”廉洁建设，落实《廉洁丝绸之路北京倡议》，强化对海外投资经营等领域廉洁风险防控，探索标本兼治有效办法，一体推进追逃防逃追赃，推动重点个案攻坚，持续开展“天网行动”。

2020 年 11 月，与世界银行等国际组织合作举办企业合规经营培训班，60 多家“一带一路”参与企业发起《“一带一路”参与企业廉洁合规倡议》。

之后，中央纪委与国家监委不断加强与“一带一路”参与国家反腐败机构和有关国际组织的交流合作，稳步拓展“一带一路”重大项目廉洁建设合作试点。与此同时，强化对海外投资经营等领域廉洁风险防控，推动完善境外国有资产监管制度。

从 2014 年 11 月，亚太经合组织领导人非正式会议通过《北京反腐败宣言》，成为首个由我国主导制定的反腐败国际合作文件，到 2016 年 9 月，中国推动二十国集团领导人杭州峰会通过《二十国集团反腐败追逃追赃高级原则》，再到举办亚太经合组织反腐败执法合作网络培训班、中国和加勒比地区国家反腐败执法合作会议，通过积极开展国际合作与交流，推动构建国际反腐新秩序，中国智慧在全球反腐败治理中发挥的作用与日俱增。

推进“一带一路”廉洁建设是中国开展反腐败国际合作的生动实践。2020 年 12 月 8 日，在第 17 个国际反腐败日前夕，国家监委召开“一带一路”合作伙伴疫情防控和复工复产廉洁建设研讨会。会上，中方坚持开放包容、互利共赢，呼吁加强疫情防控领域反腐败合作，赢得与会代表的普遍赞誉。

……

中国同“一带一路”合作伙伴以《联合国反腐败公约》等国际条约和相关双边条约为基础，深化反腐败务实合作，取得一系列重要进展。

中国成功地推进反腐败国际合作，赢得国际社会广泛支持，为成功推进反腐败国际立法体系化奠定了坚实的实践依据和法理基础。

## （二）“一带一路”廉洁建设与反腐败立法的理论来源

“一带一路”建设植根历史，面向未来，是迄今最大规模的全球经济振兴计划、最受欢迎的国际公共产品和前景最好的国际合作平台。好事要办好。建设好“一带一路”离不开中国智慧和中国力量，离不开各参与方的同心努力，也离不开廉洁建设这个隔离“病毒”的“防火墙”。

习近平关于把“一带一路”建设成为“廉洁之路”的理念，既来源于他对时事的精准判断与对“一带一路”建设的高瞻远瞩，也来自我们党的性质与宗旨。

中国共产党自成立起，就把反腐败写在了党旗上，一以贯之地反对腐败。[①] 因而，倡导践行廉洁之路，彰显的是以习近平同志为核心的党中央的政治智慧和远见，彰显的是中国共产党人的政治本色，彰显的是我们党的政治底色和深沉自信。

党的十八大以来取得的令世人瞩目的反腐败斗争成就，赋予我们党在国际合作中秉持廉洁理念的底气、自信和丰富经验，成为践行廉洁之路的实干家与引领者；以廉洁保障改革发展稳定大局的成效经验，不仅占据了国际反腐败合作的道义制高点，赢得了世界的尊重，也为其他国家应对腐败问题提供了有益借鉴。[②] 也表明：高质量建设“一带一路”，同样需要把反腐败贯穿始终，必须以廉洁夯实稳固基石。[③]

---

① 杨巨帅. 中国智慧为全球反腐提供借鉴［J］. 中国纪检监察，2019（9）：18-19.
② 杨巨帅. 中国智慧为全球反腐提供借鉴［J］. 中国纪检监察，2019（9）：18-19.
③ 杨巨帅. 中国智慧为全球反腐提供借鉴［J］. 中国纪检监察，2019（9）：18-19.

### （三）“一带一路”廉洁建设与反腐败立法的法律依据

“一带一路”沿线国家可用于反腐败合作进行廉洁建设的法律依据，大致可以归纳为以下两大类。

**1. 以《联合国反腐败公约》为中心的全球性反腐败国际法律文件**

（1）联合国系统的文件。

“一带一路”沿线国家虽然并不都是联合国的成员国，但“一带一路”沿线国家急迫需要有适合全体成员的反腐败共同规则，得到绝大多数国家批准的《联合国反腐败公约》（UNCAC）与《联合国打击跨国有组织犯罪公约》（UNCATOC）无疑是“一带一路”廉洁建设公约设计和构建最具有指导意义的法律依据与渊源。

《联合国反腐败公约》的宗旨是：促进和加强各项措施，以便更加高效而有力地预防和打击腐败；促进、便利和支持与此相关的国际合作和技术援助；提倡廉正、问责制和对公共事务与公共财产的妥善管理。简言之，就是使国际反腐败的各项措施能够在各国国内高效运行和国家间兼容互助。这些措施包括将故意实施的贿赂、贪污、挪用、影响力交易、资产非法增加以及对犯罪所得的洗钱、窝赃、滥用职权、妨害司法等行为规定为犯罪，合理划定公职职务犯罪的追责与豁免的界限，以便实现打击犯罪与保护人权并重的目标要求。

《联合国打击跨国有组织犯罪公约》的最初动因尽管是“处理贩运妇女和儿童问题、打击非法制造和贩运枪支及其零部件和弹药问题，以及包括在海上非法贩运和运送移民问题”，但它随后通过各项议定书把范围扩大到了包含洗钱、腐败等犯罪。其中对洗钱、腐败犯罪规定的内容包括：公职人员腐败行为的刑事定罪，共犯的刑事责任，贿赂公职人员的法人责任，采取措施预防、侦查和惩罚公职人员的腐败行为等，特别是该公约规定也适用于腐败犯罪的跨国有组织犯罪形式。

1990 年 8 月，联合国预防犯罪和刑事司法处编写了《反腐败的实际措施》手册，提交第八届联合国预防犯罪和罪犯待遇大会审查并获得通过。手册总结了世界各国反腐败的实践经验和理论研究成果，特别是要求各国政府完善政府机制，加强廉政建设，为各国政府提供可供参考的意见和建议。此后，联合国每年都对《反腐败的实际措施》的有关内容予以更新。手册还要求各国政府完善政府机制，加强廉政建设。其中的措施包括：要求公职人员全面公布个人财产，定期提供简要报告；设立专门的反贪污腐败机构，提高其专业化程度；考虑反腐败责任管辖权的专属问题，政府部门要有明确的专责分工；鼓励并奖赏对贪污舞弊行为的举报，鼓励广大公众，特别是公众中受威胁最大的受害者和机构工作人员对腐败现象进行举报，以保证信息通畅；要保证公职人员的工资收入能够维持家庭的生活，如果政府提供的薪水太低，实际上是在怂恿他们腐败；等等。这些建议和意见，对于各国政治体制的改革与完善，深入开展反腐倡廉工作都具有非常重要的指导意义。①

《公职人员国际行为守则》（1996 年）对公职人员有关利益冲突和回避、公布资产、接受礼品或其他惠赠、机密资料以及政法活动等行为进行了明确。

此外，联合国系统还制定了关于反腐败道德与合规指引《联合国全球契约第十项原则：反腐败》（2004 年）、《联合国商业反腐败道德与合规计划：实践指引》（2003 年）。

（2）其他全球性国际组织的廉洁合规文件。

该类文件主要有：全球基础设施反腐败中心《组织反腐败计划》、国际商会《ICC 反腐败规则》、透明国际《反贿赂商业原则》、世界经济论坛《全球反腐败原则》、世界银行《廉洁合规指引》、国

① 刘长敏. 跨世纪的联合国反腐败行动特征鲜明［N］. 检察日报，2007-01-02.

际标准化组织《反贿赂管理体系——要求及使用指南》等。

**2. 区域性和“一带一路”专门性反腐败规范性文件**

（1）区域性国际组织的廉洁合规文件。

经济合作与发展组织《禁止在国际商业交易中贿赂外国公职人员公约》（1997 年）（以下简称《反行贿外国公职人员公约》）是第一个国际性的反商业贿赂条约。《反行贿外国公职人员公约》规定，其成员国的法律将贿赂外国公职人员列为违法行为，并追究责任。目前，经合组织的 30 多个成员都签署了该公约，越来越多的非经合组织成员也开始加入。据统计，该公约的生效范围涵盖了全球超过 70% 的出口和 90% 的对外直接投资。[①] 透明国际在《反行贿外国公职人员公约》达成的整个过程中发挥了重要作用。经合组织的反贿赂和反腐败道德与合规指引《控制、道德与合规良好实践指引》（2010 年）、《经合组织跨国企业指引》（2011 年）、《商业反腐败道德与合规手册》（2013 年）、《北京反腐败宣言》（2014 年），以国际文件的形式明确提出加强国际反腐务实合作的“中国主张”。（《商业反腐败行为准则》、亚太地区反腐败行动计划、美洲国家组织《反腐败公约》，成立反腐败合作网络，加强亚太地区的跨境追赃追逃协作。）

欧洲理事会《反腐败刑法公约》《反腐败国家集团规约》《打击涉及欧洲共同体官员或欧洲联盟成员国官员的腐败行为公约》，援助非洲联盟《非洲国家反腐败原则》。

G20 杭州峰会批准通过了《二十国集团反腐败追逃追赃高级原则》（2016 年），决定在华设立 G20 反腐败追逃追赃研究中心。开创性地提出对外逃腐败人员和外流腐败资产“零容忍”、国际反腐败追逃追赃体系和机制“零漏洞”、各国开展反腐败追逃追赃合作时“零障碍”的概念，敦促国际社会广泛凝聚共识，不做腐败分子和腐败

① 参见 http：//www. oecd. org/topic/0，3699，en_ 2649_ 37447_ 1_ 1_ 1_ 1_ 37447，00. html.

资产的避风港。[①]

（2）“一带一路”专门反腐败规范性文件。

自2013年习近平提出“一带一路”倡议以来，“一带一路”沿线国家都不断以各种形式加强经贸合作与反腐败合作，也先后形成了许多双边和多边重要规范性法律文件。

迄今为止，APEC就反腐败问题已经发布了《圣地亚哥反腐败和确保透明度承诺》《亚太经合组织圣地亚哥反腐败与提高透明度行动计划》《符拉迪沃斯托克反腐败与提高透明度宣言》和《北京反腐败宣言》等文件。这些文件秉承“清正廉洁、提高透明度、社会参与治理腐败”的一贯理念。特别是《北京反腐败宣言》，它是“鉴于全球互联互通趋势不断增强，积极加强国际合作以有效打击跨国（境）腐败的需求日益迫切”，经中美两国领导人推动完成的。该宣言深化了UNCAC在亚太地区的区域目标，从法律规制角度提出了APEC各成员相互尊重基本法律原则、落实并提高透明度、强化反腐败措施的合作要点，以共同打击本地区内的各种腐败行为，维护地区安全、市场诚信、社会法治和可持续发展方面的共同利益。

此处还有：中国—东盟区域的反腐败规范性文件《中国—东盟全面反腐败有效合作联合声明》（2017年11月），“一带一路”专门性反腐败规范文件《廉洁丝绸之路北京倡议》（2019年4月），等等。

上述全球性反腐败国际公约、条约和区域性、专门性法律文件对“一带一路”参与方在反腐败合作方面提出的要求是相当广泛的，基本涵盖了从腐败预防、查处到惩治等各个方面。这些内容是我们制定“一带一路”廉洁建设公约的法律依据与法律渊源。

① 王卓. 联合国大会首次举行反腐败问题特别会议 中国理念主张凝聚广泛共识［EB/OL］.（2021-06-07）. https：//www. ccdi. gov. cn/toutiao/202106/t20210607_ 243349. html.

## 四、多部全球性反腐败规则的顶层设计

如前所述，如何推动“一带一路”反腐败国际合作与廉洁建设已成为当下十分紧迫的国际性问题，国际反腐败法律规则的不完善和准备不足，催生“一带一路”廉洁建设公约等的制定与出台。

鉴于经合组织、欧盟、美洲、非盟等各区域都已制定了联合反腐公约，我们可以以《廉洁丝绸之路北京倡议》为蓝本，以《联合国反腐败公约》等国际条约和相关双边条约为基础，在吸收国内外学界已有研究成果的基础上，以国际视野、历史思维，注重制度设计的可操作性，联合“一带一路”参与方共商制定“一带一路”廉洁建设公约，“一带一路”追逃追赃、防逃公约，“一带一路”反洗钱公约，“一带一路”反腐败公约等四部公约，建立“一带一路”各国反腐机构和协同联合机制，共同治理跨国腐败，为推进反腐败国际立法贡献中国智慧与方案。

我们的目标是在“一带一路”建设框架下推动腐败问题的全球治理，共同构建廉洁共同体、人类命运共同体。

### （一）成立专司反腐败规则制定、实施、评估的机构——“一带一路”廉洁建设与发展工作组

目前，由于没有正式成立牵头制定“一带一路”廉洁建设与发展规则的专门机构，建议成立“一带一路”廉洁建设与发展工作组，坚持共商共建共享的原则和廉洁的理念，负责起草、制定“一带一路”建设与发展中的廉洁与反腐败规则和标准体系，并加强“一带一路”廉洁建设与联合国2030年可持续发展议程的对接，在共建

“一带一路”国际规则中纳入可持续发展指标①和廉洁（反腐败）条款。“一带一路”廉洁建设工作组的主要职责包括：

（1）对“一带一路”廉洁建设公约等四公约的实施进行监督和协调。定期召开“一带一路”廉洁建设公约实施参与国会议，审查公约实施情况，提出履约审议报告、建议，提供必要的服务。

（2）采取必要措施，确保持续打击腐败和相关犯罪。

（3）积累和传播预防腐败的知识。

## （二）“一带一路”廉洁建设公约的编撰研究

### 1. 关于“一带一路”廉洁建设公约的结构设计

诚如《廉洁丝绸之路北京倡议》所言：当今世界，腐败破坏社会公平和正义，阻碍经济合作和发展，影响政府公信力和法治，腐败问题有组织、跨国境趋势愈加显现。因而，必须加强廉洁建设和反腐败国际合作，这是深化反腐败国际治理的重要内容，也是“一带一路”走深走实、行稳致远的重要保障。

“一带一路”倡议不仅致力于实现基础设施在内的各方面的互联互通，还非常重视在“一带一路”框架之下的反腐败以及在反腐败方面的国际合作，因为只有这样才能促进公平竞争，促进经济可持续发展。也正因为如此，通过共商、共建、共享的方式建设的廉洁丝绸之路，应围绕政府改善营商环境、企业廉洁合规经营、国际社会加强反腐败与法治合作等内容展开。

鉴于经合组织、欧盟、美洲、非盟等各区域都已制定了联合反腐公约，中国可以联合“一带一路”参与方共同制定“一带一路”廉洁建设公约，建立“一带一路”各国反腐机构的协同联合机制，共

① 陶平生．全球治理视角下共建“一带一路”国际规则的遵循、完善和创新［J］．管理世界，2020，36（5）：161-171，203.

同治理跨国腐败，扭转“一带一路”沿线区域腐败高发局面。

“一带一路”廉洁建设公约包含总则部分、各分则部分，以及履约机制等附则部分。

总则部分包含基本目标、基本原则、廉洁与反腐败等的概念、适用范围与空间、廉洁建设机构的设置与职能等。

分则部分涵盖廉洁营商环境建设，廉洁从政与从业准则，企业廉洁合规规则，投资、贸易、政府采购、金融监管等领域廉洁（反腐败）规则建设，廉洁文化建设，廉洁和法治建设经验分享与交流规则建设，等等。

目标是确立国际廉洁建设标准等问题。

“一带一路”廉洁建设公约必将保障“一带一路”建设走深走实、行稳致远，让各国人民共享“一带一路”福祉，共同迈向人类命运共同体的美好未来。

把“一带一路”建设成为廉洁之路，沿线各国政府积极创建规范、公正、透明的营商环境是基础。通过立法，推动“一带一路”沿线国家树立反腐败共同价值观，积极创造良好的法律和政策环境，营造廉洁透明的投资环境，保障各方的合法权益。

“一带一路”建设中，企业发挥着重要的桥梁纽带作用，是各项合作具体落地的重要推动者。建设廉洁丝绸之路，企业严格遵守所在国家法律法规、合规经营是关键。通过立法，推动企业加强自律意识，构建合规管理体系，培育廉洁文化，让廉洁成为“一带一路”建设的核心价值和有力保证。

国际社会在《联合国反腐败公约》框架下加强反腐败合作、共同打击腐败行为，是建设廉洁丝绸之路的重要保障。通过立法，发挥各国政府和国际组织的推动作用，加强规则联通和协调对接，完善法治保障体系，助推廉洁丝绸之路建设。另外，通过在双边或多边协定中纳入反腐败内容，使之成为威慑跨国腐败行为的利器。

据此，我们认为，必须在如下规则制定方面有所作为：一是

“一带一路”沿线国家、地区投资领域反腐败统一规则，二是“一带一路”沿线国家、地区贸易领域反腐败统一规则，三是“一带一路”沿线国家、地区政府采购领域反腐败统一规则，四是“一带一路”沿线国家、地区金融监管领域反腐败统一规则，五是“一带一路”沿线国家、地区反涉腐洗钱统一规则，六是“一带一路”沿线国家、地区反腐败执法、司法合作统一规则，七是“一带一路”沿线国家、地区企业廉洁合规统一规则，八是“一带一路”沿线国家、地区廉洁商业运作统一规则，等等。

**2. “一带一路”廉洁建设公约的内容设计**

与《联合国反腐败公约》、“一带一路”反腐败公约的全面性和概括性不同，该公约专门针对“一带一路”建设中的廉洁规则立法，预防与惩治“一带一路”建设中的不廉洁行为，以确保“一带一路”建设高质量发展。为此，要注重在针对性解决实际问题、严格的同行监督和评议制度等方面下功夫。

（1）廉洁建设总则：明确宗旨与原则。

在“一带一路”廉洁建设公约序言部分应开宗明义地指出，本公约宗旨是：促推“一带一路”参与国建立廉洁标准，以及预防、发现、惩罚和根除腐败所需的机制，以便更加高效而有力地建设廉洁政治，预防和打击腐败；协调和统一“一带一路”参与国间的廉洁政策和立法，支持反腐败国际合作和技术援助，包括资产追回；提倡廉正、问责制和对公共事务和公共财产的妥善管理。

本公约的原则是：尊重民主原则、透明原则和廉洁原则，坚持法治和善治，积极推动民众参与；尊重和保障人权；促进社会正义，确保社会经济发展；促进反腐败合作与援助。

为了统一、正确地实施宗旨和原则，需要对该公约涉及的相关术语作出阐释说明，规范其法律内涵。

如：“廉洁”一词，《辞源》解释为“公正，不贪污”。《辞海》解释为“清廉；清白”。屈原《楚辞》中有“朕幼清以廉洁兮”之诗。王逸注释为“不受曰廉，不污曰洁”。

廉洁合规指从业人员和公职人员应当做到清廉、正直、奉公、守法，尤其是遵守反腐败和反贿赂的法律法规，杜绝任何形式的腐败和贿赂，忠于职守，诚实守信，维护岗位的廉洁性。

廉洁标准：对各参与国政府来说，要求努力营造廉洁营商环境，加强廉洁文化建设，切断腐败之源；对各参与国公职人员来说，要求廉洁奉公、忠诚担当，防止利益冲突；对各参与国企业来说，要求廉洁合规，抵制商业贿赂和洗钱；对国际社会来说，要求努力推动国际反腐败合作，推动廉洁之路行稳致远，推动“一带一路”高质量发展。

故此，在一定意义上说，廉洁标准即是反腐败标准，廉洁规则即是反腐败规则。同样，国际廉洁标准就是国际反腐败标准，国际廉洁规则即反腐败规则。二者是通用的。

又如：“透明”一词，《国语词典》解释为：光线可以穿过，通澈明亮。一般来说，透明是与阳光、公开等词联系在一起的，意味着公开、公正，意味着让腐败无处藏身。透明原则，是建设廉洁丝绸之路的基本要求。“一带一路”建设中涉及大量基础设施工程建设，如果不倡导廉洁、透明、合规，加强监管，就会使腐败现象滋生蔓延，这不仅将导致投资成本的激增，更会影响工程质量，最终会伤害国际合作各方利益，违背影响国际合作各方的真诚意愿。因而，在“一带一路”建设中，必须坚持以公开促公正，以透明保廉洁，以良法保善治。

（2）廉洁营商环境建设。

廉洁一带一路，政府共同致力。“清廉是进步的阶梯，腐败是灭亡的快车”，在打造廉洁营商环境的过程中，各国政府要承担起主体责任，坚守廉洁这一道德底线和法律红线，将反腐败作为营商环境建设的重要任务，打造一个干净、廉洁的政商交往环境，将“一带一路”发展为廉洁之路，从而为各国经济发展提供美好的前景。

为此，“一带一路”参与国家应树立廉洁共同价值观，积极创造良好的法律和政策环境，营造廉洁、规范、公正、透明的营商环境，保障各方的合法权益。

故此，要求各参与国：

一是通过立法，为构建公平公正的营商环境廉洁共同体提供法治保障。要建立健全相关的监督体制机制，加强公务员队伍的建设，培养公务员抵御外来诱惑的意志力，不断增强其廉洁意识、公平公正意识。

二是通过立法，实现“亲”“清”新型政商合作伙伴关系，从而推进参与各国营商环境廉洁秩序的形成。通过完善惩戒制度，对腐败、政商勾结的人员进行严肃的处置，以高压的措施、严厉的态度坚决打击腐败行为。

三是通过立法，搭建透明规范的营商环境廉洁治理体系。首先，要确立包容性的原则；其次，应该鼓励在公平、公正、法治、透明的治理规则下进行合作；最后，通过反腐败的长效机制保证营商环境治理体系的系统化。加快推进适用于所有国家的争端解决机制建设，统一的矛盾解决机制可以让各国在公平公正的营商环境中进行合作。[①]

四是致力于加强国际反腐合作，加强国际反腐制度建设，加强打击跨境犯罪、腐败等力度，为净化营商环境提供强有力的保障。

五是企业的合规经营对打造营商环境起着至关重要的作用。企业在参与“一带一路”建设过程中，要增强自身的法治意识、廉洁意识，自觉承担起合规经营的应有责任，强化前期防控，对有倾向性、苗头性的行为、问题，采取针对性的有效措施，力求做到防控廉洁风险。

六是通过立法，加大对商业贿赂案件的查处力度，完善反腐败法治体系和机制建设，让参与“一带一路”建设的国家和企业形成廉

① 刘琳，曹美晴.“一带一路”沿线国家营商环境廉洁秩序的建立与维系：基于全球治理观的分析［J］. 广州大学学报（社会科学版），2020，19（6）：105-111.

洁商业运作的共识。

参与国政府积极创建规范、公正、透明的营商环境是基础。从近年实践来看，诸如相关国家政府违约事件频发，涉税、涉环保法律纠纷多发，以及权力寻租、商业贿赂时有发生。必须推动“一带一路”沿线国家树立反腐败共同价值观，积极创造良好的法律和政策环境，营造廉洁透明的投资环境，保障各方的合法权益。

中国构建“亲”“清”新型政商关系的实践，赢得了广泛认同。根据世界银行发布的2019年营商环境报告，中国营商环境排名由上一年的第78位提升到了第46位。中国实践表明，只要政府重视，就能够调动各方面的力量形成合力，推动营商环境稳步改善。

（3）廉洁从政与从业准则。

在许多清廉国家，大都有一套成熟而完善的公职人员管理制度以规范公职人员的从政行为，使其更好地服务国家的经济社会发展。廉洁从政、从业准则应当包括以下方面的内容：

依据联合国《公职人员国际行为守则》（1996年）和《联合国反腐败公约》（2003年），要求参与国：

一是通过立法，明确公职人员应忠诚于公共利益；根据法律或行政政策全心全意公正而无私地履行其职责；无论何时，都应保证由其所负责的公共资源得到最切实有效的管理，都不应对任何集团或个人给予任何不应有的优先照顾，或对任何集团或个人加以不当歧视，或以其他方式滥用赋予公职人员的权力和威信。

二是通过立法，规定公职人员：①不得利用职务之便不正当地为本人或其家庭成员谋取个人利益或经济利益。②公布可能会构成利益冲突的业务、经济利益，或为经济盈利而从事的活动，遵守为减少或消除这类利益冲突而制定的措施。③不得不正当地利用在履行公务过程中取得的或由于其公职而得到的公款、公共财产、服务或信息来从事与其公务无关的活动。④遵守法律或行政政策所制定的措施，以免卸职后不正当地利用其原先的公职。

三是通过立法，规定公职人员应公布或披露本人、其配偶或其他受赡养者的私人资产和债务。

四是通过立法，规定公职人员不得直接或间接地索取或接受任何可能影响其行使职责、履行职务或作出判断的礼品或其他惠赠。

（4）企业廉洁合规规则建设。

廉洁是“一带一路”的鲜明底色，是企业发展的重要保障，是提升企业竞争力的有力支撑和企业形象的重要内容。企业既是廉洁丝绸之路建设的参与者，也是廉洁丝绸之路建设的受益者。

根据《联合国反腐败公约》和《廉洁丝绸之路北京倡议》的精神，应要求参与国：

一是通过立法，制定“一带一路”参与国企业廉洁合规规则，尤其要涵盖投资、贸易、政府采购、金融监管等领域廉洁（反腐败）规则建设。将廉洁意识融入企业管理的全过程，培育廉洁文化，防控廉洁风险，不断提升企业管理层以及企业员工的廉洁意识，引领行业与社会形成廉洁合规共识。

二是强化企业合规建设。以倡导合规经营价值观为导向，建立健全合规管理体系，制定合规管理制度，培育合规文化，创造重视合规经营的企业氛围。

三是制定“一带一路”参与国企业廉洁商业运作统一规则。在经营行为中严格遵守相关国家法律法规，坚决抵制商业贿赂行为，努力营造规范化、法治化的营商环境。

四是制定跨国企业廉洁准则，引导行业内企业依法有序、公平地开展经营管理活动，积极打造和共同维护“亲”“清”政商关系，履行企业社会责任。遵守经营所在地公序良俗，注意保护环境，维护企业良好声誉，树立企业廉洁合规的社会形象，推动“一带一路”高质量发展。

五是成立跨国企业廉洁建设办公室，该机构具体负责处置涉及不廉洁行为的申诉与纠纷等，同时负责企业廉洁能力建设，提升规则的执行力。

（5）廉洁文化建设与教育培训。

腐败是一种政治现象，而腐败的滋生则与文化密切相关。文化会从正反两方面介入、影响政治权力。从某种意义上来看，腐败也是一种文化表现，这种文化与公共管理的职责水火不容，与公职人员的从政、从业道德、价值取向和行为规范格格不入。同样，从某种意义上来看，廉洁是指社会风尚。对任何国家、任何民族、任何社会来说，廉洁是正能量的体现，符合全人类共同价值的诉求。廉洁文化对面向现代化、面向世界、面向未来具有标识性的符号意义。加强廉洁文化建设，有助于营造廉洁氛围，为"一带一路"建设高质量发展提供有力的文化支撑。

推动"一带一路"廉洁建设，必须把加强廉洁文化建设作为一体推进不敢腐、不能腐、不想腐的基础性工程抓实抓好，筑牢拒腐的文化堤坝。

故此，应要求参与国：

一是通过国内立法，倡导反对腐败、建设廉洁政治的政治立场，践行忠诚老实、公道正派、实事求是、清正廉洁等价值观，以良好廉洁政治文化涵养风清气正的政治生态，把加强廉洁文化建设作为一体推进不敢腐、不能腐、不想腐的基础性工程抓实。

二是通过制定公职人员廉洁准则，明确公职人员必须遵守的"崇廉拒腐""廉洁自律""廉洁从政""廉洁用权"等规范，让公职人员遵守廉洁准则，防止利益冲突。

三是通过立法，让廉洁文化建设成为各方常态化的交流制度。

（6）廉洁和法治建设经验分享与交流机制建设。

一是加强在《联合国反腐败公约》下的反腐败法治合作和经验分享与交流机制建设。

二是加强"一带一路"沿线各国反腐败法治机构的合作与交流。由于"一带一路"项目建设过程中受政策、地理环境等因素影响大，一国反腐败机构掌握的信息有限，跨国调查取证难度大，因此必须加强“一带一路”参与国家反腐败机构的合作与交流。中老铁路廉洁之路为今后“一带一路”反腐败机构的合作模式提供了成功的借鉴经验。中老两国监察机关不仅严格履行公约和其他反腐败声明，签订廉洁备忘录，还进一步创新双方反腐败合作的形式，定期开展中老铁路廉洁建设工作会议，组织研讨交流，共同协商廉洁建设方案，监督监查和惩戒整改工程中的腐败现象。①

（7）廉洁能力建设。

共建“一带一路”廉洁规范和廉洁自律准则，处置涉及不廉洁行为的申诉与纠纷，同时加大能力建设，提升规则执行力。

（8）实施评议机制建设。

建设履约“同行评议”制度。可以参照 OECD 的做法，选取两个参与国对一个参与国国内履约情况进行评估，选取的两个评估参与国的其中一个，与评估对象国政治、经济、法律、文化较为相近，另一个则相差较远。这种评估方式一方面促使参与国之间相互了解，取长补短，同时保证了公约执行的公开和透明。公约的监督程序可设置为非强制性，由工作组在其网站上定期对参与国的评估报告进行公开。这些报告应较为细致和具体。如果某个缔约国公约执行情况不好，本国涉及的海外贿赂案件较多，则会在报告中被一并公开，受到其他国家的审视和评议，使本国蒙羞。除了国家间的相互评估，参与国还要每年主动上报其进入司法程序的海外商业贿赂案件，如果工作组认为上报情况不实，有权重新对相关案件进行调查，以实现对参与国涉公约案件办理的有效监督。

① 共建一带一路 开创美好未来 中老铁路“廉洁之路”建设全景扫描［EB/OL］.（2019-04-28）［2020-11-28］. https：//www. ccdi. gov. cn/yaowen/201904/t20190428_ 193020. html.

## (三)“一带一路”追逃追赃、防逃公约编纂研究

当今国际形势正发生重大、复杂、深刻变化，加强反腐败国际合作成为深化全球治理、推动全球可持续发展的重要议程。

党的十八大以来，习近平先后30多次在重要国际场合发表讲话和谈话，将反腐败国际合作上升到国家政治和外交层面，倡议构建国际反腐败新秩序。

习近平主张平等互信，指出反腐败是各国面临的共同任务和致力于现代化的必然举措；主张包容互鉴，指出中国愿意借鉴国际反腐败经验，与各国相互支持、相互协助；主张合作共赢，指出构建务实合作网络，营造风清气正的商业环境。这些主张得到国际社会的广泛支持与认可，使中国成为全球反腐败治理的重要力量。①

习近平既从大处着眼，又从小处入手，抓住一个个具体问题，对如何做好追逃追赃工作提出了明确要求。在运行机制上，要求建立集中统一的领导体制和高效顺畅的协调机制，相关单位讲合作、善协调，形成合力。在基础工作上，要求摸清外逃腐败分子底数，动态管理，实时更新，分类处置。在方式方法上，要求加大交涉力度，突破重点个案，形成有效震慑。在对外交往上，要求搭建全球追逃追赃平台，化被动为主动，抢占话语权。在制度建设上，要求善于运用法治思维和法治方式，健全配套法规制度。这些部署要求具有很强的针对性和可操作性，对深入持久地抓好这项工作，具有十分重要的指导作用。②

2016年1月12日，习近平在十八届中央纪委六次全会上强调指

① 黄树贤. 把惩治腐败的天罗地网撒向全球：深入学习习近平总书记关于反腐败国际合作和追逃追赃工作的重要论述［J］. 求是，2016（11）：12-14.

② 黄树贤. 把惩治腐败的天罗地网撒向全球：深入学习习近平总书记关于反腐败国际合作和追逃追赃工作的重要论述［J］. 求是，2016（11）：12-14.

出：“要加大国际追逃追赃力度，推动二十国集团、亚太经合组织、《联合国反腐败公约》等多边框架下的国际合作，实施重大专项行动，把惩治腐败的天罗地网撒向全球，让已经潜逃的无处藏身，让企图外逃的丢掉幻想。”

习近平关于反腐败国际合作和追逃追赃工作的重要论述，集中体现了对国际国内反腐败形势的深刻洞察和准确把握，蕴含着丰富的思想内涵和牢固的理论根基，是我们在新的历史条件下开展反腐败国际合作和追逃追赃工作的思想武器和行动指南，① 也是我们编纂“一带一路”追逃追赃、防逃公约的根本遵循。

**1. 关于“一带一路”追逃追赃、防逃公约的结构与内容的顶层设计**

“一带一路”追逃追赃、防逃公约将在全面总结以往国际反腐败合作实践经验的基础上，着眼于为“一带一路”参与国提供必要的法律依据，以解决合作中的实际问题为导向，以服务反腐败国际追逃追赃为目的。

根据《联合国打击跨国有组织犯罪公约》《联合国反腐败公约》的基本原则、立法精神，借鉴、吸纳其他区域性反洗钱国际规范性法律文件的立法内容，基于“一带一路”建设、“一带一路”参与国国内的实际，设计出“一带一路”追逃追赃、防逃公约的结构与内容如下：

内容方面，“一带一路”追逃追赃、防逃公约必须与“一带一路”建设特点相适应，必须与“一带一路”参与国国内的实际情况相适应，除了规定传统的适用范围（即腐败的表现形式）、腐败预防、定罪执法、国际合作、资产追回、技术援助和信息交流，以及实施机制以外，还应与“一带一路”参与国建立一体化的追逃追赃、防逃规则，不能让“一带一路”参与国成为外逃腐败犯罪分子的

---

① 黄树贤. 把惩治腐败的天罗地网撒向全球：深入学习习近平总书记关于反腐败国际合作和追逃追赃工作的重要论述［J］. 求是，2016（11）：12-14.

“避罪天堂”。此外，也有必要在引渡、资产追回、没收等方面尽力寻求一致意见，将达成共识的部分规定在新公约中，把零散的双边协议升级为多边公约；对于各国分歧较大、实在难以妥协的部分再以双边协议的形式规制。最后，在公约的强制力方面，应该在现有反腐败国际合作共识的基础上进一步努力，多方商讨，争取减少公约用语的模糊性，增加强制力。

“一带一路”追逃追赃、防逃公约内容分序言（总则）和7个章节，包括总则、预防措施、定罪和执行、国际合作、资产的追回、技术援助和信息交流、实施机制、最后条款。目标是确立国际廉洁建设标准的重大问题。

**2. “一带一路”追逃追赃、防逃公约的具体制度**

追逃追赃涉及被请求国的引渡、遣返，协助送达文书，调查取证，安排证人做证或者协助调查，查封、扣押、冻结涉案财物，没收、返还违法所得及其他涉案财物，移管被判刑人以及其他协助等国际合作的诸多领域和环节。

数字化时代，大数据、人工智能、云计算等工具是把“双刃剑”，可以助力追逃追赃，但也能使各种跨国腐败犯罪更加隐蔽、快捷。①

故此，“一带一路”追逃追赃、防逃公约主要包含如下统一规则：

（1）关于总则。

一是明确本公约的宗旨是促进合作，以便更有效地预防和打击跨国洗钱犯罪。

二是明确追逃、追赃、防逃的定义和范围。

（2）关于腐败行为的定罪与执行。

专章明确腐败行为的定罪与执行。

① 王文华. 境外追逃追赃国际刑事合作：现状与未来［N］. 检察日报，2020-11-10.

（3）关于国际合作。

专章明确追逃追赃、防逃的国际合作。

一是确立引渡实施统一规则。吸纳国际引渡制度的最新成果，如设立简化引渡程序，建立互惠引渡程序，明确死刑犯罪不引渡原则及其变通适用，细化量刑承诺程序，对或引渡或起诉原则及程序作出规定，规范个案引渡合作请求、被请求引渡人的诉讼权利的保障。

二是确立违法所得追缴没收统一规则。借鉴英国、澳大利亚等国专门制定违法所得追缴法的做法，确立统一追缴没收制度和以刑事没收为主、行政没收和民事追缴为辅的违法所得没收制度，还应当建立退赃、退赔程序，以及返还被害人具体程序。

三是确立驻外法务（监察）参赞专司追逃追赃的统一规则，统筹、协调驻在国的检察官、警务合作等司法合作渠道。

四是建立追逃追赃目的地国相关法律资料库统一规则，对如刑事诉讼法、国际合作法、引渡法、司法协助法、犯罪所得追缴法、移民法等法律及案例进行收集、研究和利用，熟悉掌握外国法律制度和办案流程，提高利用外国法律开展追逃追赃工作和办案的能力建设。

五是确立预防贪官外逃统一机制。为封堵贪官外逃之门，各参与国在国内制定预防贪官外逃机制，通过出入境检查、建立快速有效的边控体系，如可疑行踪报告、因私出境预警等措施来防范资产跨境转移，坚决取缔、沉重打击境内外的洗钱渠道。

（4）关于犯罪所得转移的预防与监测。

依照公约的要求，规定犯罪所得转移的预防与监测原则及制度，内容包括：公务人员财产申报制度，交易报告制度，可疑交易和限额以上交易强制报告制度，外商出资撤资审核，评估制度，境外资产报告制度，金融、海关、检察、公安、外交等部门间（包括按照互惠原则对待的相关缔约国间）的信息、情报交换机制。

（5）关于资产追回的措施和程序。

一是明确承认与执行外国刑事罚没裁决的司法审查原则。规定与公约相配套的承认与执行外国法院判决和裁决的司法审查原则及制度，包括承认与执行的刑事罚没裁决所涵盖的范围、承认与执行的条件、司法审查的程序以及国家之间请求承认与执行的途径等。

二是明确对腐败犯罪所得资产的民事没收原则及制度。从两个层面确立与建立民事没收原则与制度。①在民事诉讼程序内的没收。为实现公约所要求的被害人享有“不经过刑事定罪而没收这类财产”的权利，在犯罪嫌疑人或被告人失踪、潜逃或者死亡，无法对其提起公诉的情形下，只要存在作为犯罪所得的财物，即可由受害的单位或个人单独提起民事赔偿诉讼，或由检察院先行提起附带民事诉讼。②完全独立于人的财产没收程序。在有关犯罪嫌疑人尚未查清，或者潜逃、死亡的情况下，人民法院可根据人民检察院或公安机关提供的证据，直接对犯罪所得或收益予以没收。对外国刑事犯罪而其犯罪所得又位于本国境内的，在互惠的基础上，人民法院也可根据外国主管机关的请求以及所提供的证据材料采取同样措施。[①]

三是确立缺席审判制度。明确有条件的缺席审判制度并附设相应的救济程序，如，适用的案件范围、适用条件、适用的具体程序（包括公告、审判、撤销三种程序）等。确立“以对席审判为一般原则，以缺席审判为例外”的原则。对于外逃贪官，只要主要事实清楚，证据确凿、充分，经过适当的公告程序后仍不到案的，即可以进行缺席审判，对于有确凿证据证明缺席判决错误的，可撤销该判决，重新审理。考虑到对被告人权益保障的问题，明确规定被告人享有在缺席时聘请律师为其辩护的权利，在归案后有对判决提出不服要求重审的权利。

四是明确规定冻结和扣押的适用条件。将对财产的冻结和扣押措施纳入强制措施体系，并对其适用条件作出明确具体的规定：①合理界定冻结、扣押的对象范围；②规定适用冻结、扣押措施的前提，

① 梁晓春. 资产追回与返还国际法律机制及其在我国的适用：以《联合国反腐败公约》为视角［J］. 企业经济，2006（10）：187-189.

即扣押、冻结必须是出于预防犯罪证据被隐匿、丢失、损坏、销毁之目的，且扣押、冻结措施有现实之必要。

五是在资产追回程序中的证据和证明问题上，明确冻结和扣押所应适用的“合理的根据”这一公约标准，同时不必要求在对货币（或“银行存款”）的犯罪所得性质进行证明时需具备严格的同一性标准。而在证明责任的分配问题上，可以采取有条件的部分举证责任的倒置。

（6）关于善意第三人权利保护统一规则。

确立包括相关财产返还的通知制度、退还保证制度和法院裁定返还制度来履行公约提出的该项要求。如，在没收或返还的物品有直接利益关系或者有可能提出权利主张的人员时，主管机关注意保护善意第三人权利，应当在没收或返还前向上述人员发出通知，并且为其规定一定的异议期。这种异议既可向处置有关物品的司法机关提出，也可直接向有管辖权的法院提出。在实行返还前要求请求方提供书面保证或者提供物的担保，以便保障在错误发还的情况下请求方能够将有关物品退还。①

（7）关于资产追回的国际合作。

专章对腐败资产追回国际合作进行原则性的规定。

一是明确国家根据缔结或者参加的国际条约，或者按照平等互惠原则，开展资产追回国际合作。

二是明确根据行政主管部门授权的机构，代表本国政府与外国政府和有关国际组织开展资产追回合作，依法与境外相关机构交换与资产追回有关的信息和资料。

三是规定涉及追究资产追回的司法协助，由司法机关依照有关法律的规定办理。如，落实公约的精神，像执行本国法律要求一样地执行外国司法请求，以非禁止即为允许的态度对待外国的司法协助

① 杨宇冠，吴小军.《联合国反腐败公约》资产追回机制与我国刑事诉讼法的完善［J］.当代法学，2005（1）：124-131.

请求，甚至无须事先请求而向另一国主管机关提供自动司法合作。在适当而且符合本国法律制度的情况下，考虑与腐败有关的民事和行政案件调查和诉讼相互协助。还要充分考虑腐败资金对资产来源国造成的损害，资产所在国应积极没收来源于外国的腐败犯罪所得，并将其归还给来源国或其他合法所有人，① 等等。

（8）关于收益分享统一规则。

为实现腐败资产"最大化追回"的目的，为提高被请求国提供相关司法协助的积极性，可在一定范围内承认收益分享的做法，并明确规定分享比例和标准。此外，在请求其他缔约国给予司法协助活动中发生的费用，请求国也应给予相应的支付。

（9）关于专门的基金组织的职责与资金来源。

设立专门的基金组织，其职责：一是为资产追回的国际司法合作提供资助；二是为遭受经济犯罪侵害的财产受害人通过国外民事诉讼或者其他法律程序追回资产或者获得损害赔偿提供必要的援助；三是奖励在资产追回中的有功个人或者集体；四是资助有助于促进和宣传关于资产追回制度的公益活动。基金组织的资金来源，包括接受政府、企业、实体以及个人捐赠，也可由国家或者有关当事人从通过国际司法合作追回的资金中酌量划拨，还可按照合理比例从受资助方通过民事诉讼追回的资产中提取。②

## （四）"一带一路"反洗钱公约编纂研究

### 1. "一带一路"倡议沿线国家加入反洗钱合作组织概况分析

"一带一路"是一个开放的倡议，但官方默认和学界认可的是65

① 张士金，李年乐. 对资产追回现实困境的思考［J］. 中国刑事法杂志，2009（11）：115-122.

② 黄风. 通过民事诉讼从国外追回资产问题研究［J］. 比较法研究，2008（1）：97-109.

个国家。对65个国家加入反洗钱合作组织进行分析，我们发现其呈现两大特点：一是尚有大部分国家未加入权威专业性反洗钱国际组织，尤其是反洗钱金融特别行动工作组这一国际最重要的反洗钱合作组织，整个“一带一路”倡议沿线国家仅有8个国家加入该组织；二是加入的区域反洗钱国际组织较分散，亚洲国家加入亚洲区域组织、欧洲国家加入欧洲区域组织，难以形成合力。①

“一带一路”倡议沿线国家情况差异显著，发达国家、新型市场国家、欧洲国家的反洗钱工作合规度较高、合作机制较为完善，而伊斯兰国家和大部分发展中国家的反洗钱工作合规度较低、合作机制较差，而这些国家又往往是“毒恐军火”犯罪的高发地区。②

**2. 以往的国际立法经验**

目前有代表性的反洗钱国际法律及规范性文件已有22个。这些立法成果所共同体现的基本原则，是国际社会对反洗钱工作规律的总结，也是各国在反洗钱领域开展协调与合作的共同基础与行为规范，也成为立法的重要渊源。③

（1）《联合国打击跨国有组织犯罪公约》关于洗钱行为、犯罪及打击洗钱罪的相关规定。

《联合国打击跨国有组织犯罪公约》（简称《打击犯罪公约》）是目前世界上第一部打击跨国有组织犯罪的全球性公约，一共41条，涉及反洗钱的有以下4条：

第6条“洗钱行为的刑事定罪”十分具体地规定了洗钱罪的定义和类型，并要求各缔约国将洗钱罪适用于“范围最为广泛的上游犯罪”。

---

① 胡黎阳，孙琪，程诚．“一带一路”沿线国家反洗钱国际合作机制的构建［J］．哈尔滨师范大学社会科学学报，2018，10（6）：45-48.

② 胡黎阳，孙琪，程诚．“一带一路”沿线国家反洗钱国际合作机制的构建［J］．哈尔滨师范大学社会科学学报，2018，10（6）：45-48.

③ 欧阳卫民．国际反洗钱立法的基本原则和精神［J］．中国金融，2006（12）：35-37.

第7条“打击洗钱活动的措施”，要求各缔约国在其能力所及的范围内，针对银行和非银行金融机构及在适当情况下对其他特别易被用于洗钱的机构，建立“综合性国内管理和监督制度”，以制止并查明各种形式的洗钱。指出反洗钱制度应强调验证客户身份、保持记录和报告可疑交易。提出建立金融情报机构，调查与监督现金和有关流通票据出入本国国境的情况等要求。

第12条“没收和扣押”，规定了对洗钱资金的辨认、追查、冻结或扣押的措施，以实现对犯罪资金的最终没收，并要求各缔约国不得以银行保密为由阻碍上述措施的实行。提出了要求犯罪人证明其财产合法来源的“举证责任倒置”原则。

第13条“没收事宜的国际合作”要求各缔约国在追查、冻结和没收洗钱资金方面进行国际合作。“没收的犯罪所得或财产的处置”提出了缔约国之间请求没收财产返还及分享的原则。有关洗钱的规定还分散在其他多个条款中。

《打击犯罪公约》中有关洗钱的条款，吸收、发展并创新了国际法有关洗钱的规则，对推动国际反洗钱立法、执法及反洗钱国际合作产生着重大影响。①

（2）《联合国反腐败公约》关于洗钱行为、犯罪及打击洗钱罪的相关规定。

如前所述，《联合国反腐败公约》是迄今为止关于腐败、反腐败最为全面而权威的国际法律文件。为了有效地预防和控制腐败洗钱，《联合国反腐败公约》已经把针对犯罪所得的洗钱行为规定为可定罪的腐败行为之一。不仅规定了惩治腐败行为的有效措施，同时也为国际社会联合打击洗钱犯罪提供了国际法律原则。其中与洗钱直接相关的规定主要体现在第14、23、31、40条以及第5章中：

① 李若谷. 反洗钱知识读本［M］. 北京：中国金融出版社，2005.

第 14 条在总结各国反洗钱经验的基础上，将金融机构作为反洗钱的重点，规定了若干“预防措施”：①建立预防洗钱的外在金融监管制度和金融机构内控机制，重点是确认客户身份、保存交易记录和识别、举报可疑交易三个方面；②在国家和国际一级开展金融情报工作的合作；③监测与跟踪现金和有关流通票据的跨境转移，加强金融机构的汇款业务监管工作；④大力开展反洗钱领域的国际合作。

第 23 条专门对犯罪所得的洗钱行为进行了规定。第 23 条第 1 款规定了四种洗钱犯罪，其中前两种洗钱行为是法定的，后两种洗钱行为可以“在符合本国法律制度基本概念的情况下”，允许缔约国进行选择，是任意选择条款。这体现了国际法和国内法的正确定位，即国际法不能干预国家按照主权原则制定的国内法，国家也不能因国内法的规定来改变或对抗其所承担的国际法义务。在第 2 款中，公约要求各缔约国均应当规定最为广泛的上游犯罪，至少也应当将公约确立的各类犯罪列为上游犯罪，即公约确立的贪污、贿赂、滥用职权、影响力交易、资产非法增加、妨碍司法等犯罪应该成为洗钱罪的上游犯罪内容。

第 31 条主要规定了若干冻结、扣押和没收包括洗钱等腐败犯罪所得财产，以及挽回腐败所造成的财产损失的若干法律措施。

第 40 条主要是有关银行配合义务方面的规定，这对打击腐败分子利用某些国家严格的银行保密法实施的洗钱行为是十分重要的。

第 5 章第 51 条至 59 条规定了若干腐败犯罪所得资产追回的法律措施。对资产的没收、返还以及处分均作了详细规定，并确立了资产的分享原则，即合理费用扣除原则和所没收财产的最后处分特别安排原则。

这些规定为资产追回的国际司法协助提供了一个较完整的法律框架。

总之，《联合国反腐败公约》中有关腐败洗钱的实体和程序规定，已经构成了公约的重要组成部分。它为各缔约国采取相应的具体法律措施规制腐败洗钱，以及加强该领域的国际反洗钱合作提供了一个蓝本。

(3)《禁止非法贩运麻醉药品和精神药物公约》关于洗钱行为、犯罪及打击洗钱罪的相关规定。

从1988年联合国《禁止非法贩运麻醉药品和精神药物公约》开始，国际社会在制定预防与打击洗钱及相关犯罪的国际法律规范方面不断取得突破性进展。

该公约第3条规定："各缔约国应采取可能必要的措施将下列故意行为确定为其国内法中的刑事犯罪。"这些故意行为包括：明知财产得自该公约所确定的任何犯罪或参与此类犯罪的行为，为隐瞒或掩饰该财产的非法来源，或为协助任何涉及此类犯罪的人逃避其行为的法律后果而转移或转让财产；明知财产为犯罪所得，仍隐瞒或掩饰该财产的真实性质、来源、所在地，处置、转移相关的权利或所有权。这是第一个将"洗钱"规定为刑事犯罪的国际公约。《联合国打击跨国有组织犯罪公约》和《联合国反腐败公约》也有类似的规定。由此，作为全球反洗钱工作标准的《40条建议》明确要求：各国应根据上述公约，将洗钱行为规定为刑事犯罪。这表明国际社会对洗钱的社会危害性、刑事违法性和应受刑法惩罚性已有了充分的认识。①

**3. 关于"一带一路"反洗钱公约的结构与内容的顶层设计**

根据《联合国打击跨国有组织犯罪公约》、《联合国反腐败公约》、巴塞尔银行监管委员会《关于防止犯罪分子利用银行系统洗钱

① 欧阳卫民. 国际反洗钱立法的基本原则和精神［J］. 中国金融，2006（12）：35-37.

的声明》（1998年）[①] 的基本原则、立法精神，借鉴、吸纳其他区域性反洗钱国际规范性法律文件的立法内容，基于“一带一路”建设、“一带一路”参与国的国内实际，设计出“一带一路”反洗钱公约的结构与内容如下：

内容方面，“一带一路”反洗钱公约必须与“一带一路”建设特点相适应，必须与“一带一路”参与国国内的实际情况相适应，除了规定传统的适用范围（即腐败的表现形式）、腐败预防、定罪执法、国际合作、资产追回、技术援助和信息交流，以及实施机制以外，还应重点关注“一带一路”倡议实施过程中发生频率较高的商业贿赂和跨国洗钱。此外，也有必要在调查取证、引渡、资产追回、没收等方面尽力寻求一致意见，将达成共识的部分规定在新公约中，把零散的双边协议升级为多边公约；对于各国分歧较大、实在难以妥协的部分再以双边协议的形式规约。最后，在公约的强制力方面，应该在现有反腐败国际合作共识的基础上进一步努力，多方商讨，争取减少公约用语的模糊性，增加强制力。

“一带一路”反洗钱公约内容分序言（总则）和八个章节：

第一，明确跨境洗钱的定义和范围。依据联合国关于反洗钱的系列公约的规定，结合“一带一路”成员国各国的实际，明确跨境洗钱的定义与适用范围。

---

① 巴塞尔银行监管委员会的成员由西方10国集团（实际上是12个发达国家：比利时、加拿大、法国、德国、意大利、日本、荷兰、瑞典、瑞士、英国、美国和卢森堡）的中央银行和金融监管机构组成，于1975年成立。秘书处设在位于巴塞尔的国际清算银行，其宗旨是促进国际在银行监管事宜上的合作。巴塞尔银行监管委员会《关于防止犯罪分子利用银行系统洗钱的声明》于1998年12月通过。其中分为前言和原则声明两个部分。整个声明的全部内容都与反洗钱活动密切相关。巴塞尔委员会于1988年1月对金融机构提出了四项建议，以防止银行成为洗钱犯罪的工具：①验明客户身份，确立“知道自己的顾客”的规则，作为抵制洗钱的一项有效政策。②遵守法律。银行管理人员应确保执行业务遵循高尚的道德标准，并遵守有关金融交易的法律与法规。对具有充分理由怀疑与洗钱有关的交易，银行应拒绝提供服务。③与执法机关合作。银行应当在当地保密法规许可的范围内与本国执法机关全面合作；如果银行推断存款交易本身即具有犯罪目的的事实，应采取适当措施，如拒绝协助，与客户断绝往来，关闭或冻结账户等。④职员培训。各银行应将防范洗钱的措施告知所有职员，并加强有关方的职业培训。

第二，明确跨境洗钱的定罪与量刑。制定一套与各成员国经济发展相适应的反洗钱定罪与量刑标准。

第三，明确反跨境洗钱的管辖。可以依据《联合国反腐败公约》第42条的规定，结合各成员国的实际，确立对洗钱犯罪的管辖权制度。

第四，明确跨境洗钱的预防与监管。削弱各成员国反洗钱法律制度的差异。

第五，细化反跨境洗钱特别程序与司法协助。建立司法协助联络点，完善司法协助机制建设，细化反跨境洗钱特别程序。选择在投资、贸易项目较多的“一带一路”节点国家设立联络点，负责协助、协调各利益相关方，是否加强反洗钱规则的执行与合作。

第六，优化反跨境洗钱执法合作方式。加大一体化刑事司法合作力度，拓宽证据收集、资产追回等合作。

第七，加强反洗钱情报交流与合作。建立打击洗钱犯罪信息共享平台，开展打击洗钱犯罪的人员培训与交流，开放相关资源、数据系统。

第八，推动人民币国际化进程，提升反洗钱合作的经济条件与经济基础。尤其是数字人民币可后台集中全量用户信息和交易数据，有助于快速识别和追踪洗钱等犯罪活动，对反洗钱，尤其是跨境反洗钱工作产生重要的影响。

## (五)“一带一路”反腐败公约的编纂研究

联合国在通过《联合国反腐败公约》后，又通过了《联合国反对国际商业交易中的贪污贿赂行为宣言》《联合国打击跨国有组织犯罪公约》等文件。各区域性国际组织也纷纷出台相关法律文件，如欧洲理事会《反腐败刑法公约》《反腐败国家集团规约》《打击涉及欧洲共同体官员或欧洲联盟成员国官员的腐败行为公约》，美洲国家组织《美洲反腐败公约》，亚太地区反腐败行动计划，援助非洲全球联盟《非洲国家反腐败原则》，经济合作与发展组织《禁止在国际商业交易中贿赂外国公职人员公约》，等等，为国际和区域打击与预防腐败犯罪、促进反腐领域内的国际合作、加强各国国内的反腐行动提供了重要的制度和机制保障。①

**1. “一带一路”反腐败公约编纂思路**

当今世界，腐败破坏社会公平和正义，阻碍经济合作和发展，影响政府公信力和法治，而且腐败问题有组织、跨国境趋势愈加显现。②

党的十八大以来，中国卓有成效的反腐败成绩令世界瞩目。中国的反腐败成就和经验，为全球反腐败治理提供了新的东方视角和范式，也是“一带一路”走深走实、行稳致远的重要保障。③

目前的“一带一路”建设，急需各参与国在以下方面携手共进：一是在政府信息公开透明方面达成共识，为共建“一带一路”构建稳定、公平、透明的规则和治理框架积极合作。二是加强对“一带一路”合作项目的监督管理，努力消除权力寻租空间，打造规范化、法治化营商环境。三是构建企业合规管理体系，防控廉洁风险，培育廉洁文化，制定廉洁准则，坚决抵制商业贿赂行为，积极打造和共同维护“亲”“清”新型政商关系。四是以有关国际公约和双边条约为基础，鼓励缔结双边引渡条约和司法协助协定，构筑更加紧密便捷的司法执法合作网络，为“一带一路”参与方开展反腐败合作创造坚实的法律基础和制度保障。五是加强反腐败相关机构人员交流、信息

① A Resource Guide to the U. S. Foreign Corrupt Practices Act. 2 Edition. The Criminal Division of the U. S. Department of Justice and the Enforcement Division of the U. S. Securities and Exchange Commission［M/OL］.［2021-10-23］. https：//www. justice. gov/criminal-fraud/file/1292051/download.

② 中央纪委国家监委网站. 廉洁丝绸之路北京倡议［EB/OL］.［2019-04-28］. http：//www. xzjj. gov. cn/html/2019/2019042825072. html.

③ 中央纪委国家监委网站. 廉洁丝绸之路北京倡议［EB/OL］.［2019-04-28］. http：//www. xzjj. gov. cn/html/2019/2019042825072. html.

沟通和经验分享，促进能力建设和人才培养，在反腐败追逃追赃、反贿赂等领域开展全天候、多层次、高效能的合作，拒绝成为腐败人员和腐败资产的避风港。六是加强共建“一带一路”学术交流和研究，推进政府治理、企业经营、法律制度等领域合作研究，分享廉洁和法治建设有益经验和成功实践，建立有效沟通交流机制，共同推动廉洁丝绸之路建设。①

各参与国应针对上述方面，根据《联合国反腐败公约》精神，依照现行国际规则和法律框架，在尊重国家主权、文化差异和现实国情的基础上，秉持“和平合作、开放包容、互学互鉴、互利共赢”的丝路精神，携手共商、共建、共享廉洁丝绸之路，编纂“一带一路”反腐败公约，以持续为“一带一路”建设保驾护航。

当然，在编纂过程中，要注意吸纳欧洲理事会《反腐败刑法公约》等的立法建议，在立法理念与内容方面不要与其相悖。

为维护“一带一路”沿线各国的贸易和投资活动的公平竞争秩序，维护资本输出国和输入国的共同利益，中国应联合“一带一路”共建国家制定“一带一路”反腐败公约，建立“一带一路”各国反腐机构的协同联合机制，共同治理跨国腐败，扭转“一带一路”沿线区域腐败高发局面。通过引渡、司法协助、追回腐败所得、消除腐败避风港等手段，全力推动预防、调查、起诉和惩治腐败犯罪的国际合作。鼓励中国与沿线各国在适当情况下签署、缔结双边引渡条约和司法协助协定，并效法成功范式推进双边和多边反腐败执法合作。②

**2. “一带一路”反腐败公约结构与内容的顶层设计**

“一带一路”反腐败公约必须与“一带一路”建设特点相适应，除了规定传统的适用范围（即腐败的表现形式）、腐败预防、定罪执

① 中央纪委国家监委网站. 廉洁丝绸之路北京倡议［EB/OL］.［2019-04-28］. http://www.xzjj.gov.cn/html/2019/2019042825072.html.

② 刘翔峰，苑生龙. “一带一路”建设中的廉洁问题［J］. 东亚评论，2019（1）：163-186.

法、国际合作、资产追回、技术援助和信息交流，以及实施机制以外，还应重点关注“一带一路”倡议实施过程中发生频率较高的商业贿赂和跨国洗钱。此外，也有必要在调查取证、引渡、资产追回、没收等方面尽力寻求一致意见，将达成共识的部分规定在新公约中，把零散的双边协议升级为多边公约；对于各国分歧较大、实在难以妥协的部分再以双边协议的形式规制。最后，在公约的强制力方面，应该在现有反腐败国际合作共识的基础上进一步努力，多方商讨，争取减少公约用语的模糊性，增加强制力。

基于以上考虑，我们认为：“一带一路”反腐败公约的内容大体分总则和分则、附则三部分，分则包括腐败预防、定罪和执行、国际合作、技术援助和信息交流、实施机制。目标是确立国际廉洁建设与反腐败标准。

上述内容是以《联合国反腐败公约》为中心的国际反腐败规则在“一带一路”建设中的适用，应是《联合国反腐败公约》在“一带一路”建设中的创造性转化与发展。

## （六）“一带一路”廉洁建设公约等四部公约的主要特点

“一带一路”廉洁建设公约等四部公约合起来就是对“一带一路”建设各个领域、各个环节的腐败问题全覆盖的公约体系，该体系体现了共商、共建、共享的丝路精神和共同倡导廉洁建设的理念，契合各参与国国内法制，规范内容全面，体现了整体思想，对“一带一路”参与国、国际组织的廉洁建设产生积极的影响。但四部公约各有针对性，“一带一路”廉洁建设公约针对的是廉洁建设问题，“一带一路”追逃追赃、防逃公约针对的是外逃贪官与外流赃款及“避罪天堂”的问题，“一带一路”反洗钱公约针对的是涉腐洗钱的预防、定罪与执法等问题，这三个公约属于专门立法（或特别立法）的范畴。而“一带一路”反腐败公约针对的是“一带一路”建设中的反腐败实体与程序设计的问题，属于基本立法的范畴。这四部公约共同组成了“一带一路”反腐败公约体系。引领与主导这四部公约的制定，实际上就是引领与主导反腐败国际立法。

“一带一路”廉洁建设公约等四部公约产生的积极影响主要表现在以下几个方面：

第一，推动“一带一路”参与国的反腐败规则一体化。这些公约的制定出台，对参与国具有约束力。在法律义务的约束下，这些国家均会对国内原有的反腐败规范进行修改，从而便于反腐败合作的一体化。

第二，统一“一带一路”参与国的反腐败规则。这四部公约的制定出台，将为“一带一路”参与国反腐败机构从事反腐败工作应当遵循的规则与职业守则提供基本的依据。

第三，有力打击“一带一路”参与国的腐败犯罪活动。这四部公约不仅能为统一各参与国的国内立法铺平道路，而且能为各国司法机关联合打击跨国腐败犯罪提供有力的法律武器。

第四，对参与“一带一路”的国际组织修订反腐败立法起到重要影响。

第五，对非“一带一路”参与国修订反腐败立法也将起到重要影响。

## 五、推进全球性反腐败公约制定的途径、方法与策略

### （一）借鉴欧盟一体化规则制定的成功经验

欧盟在推进一体化的过程中，总结了大量的经验，主要概括如下。

第一，合作理念的确立。[①] 从 1952 年欧洲煤钢共同体建立之初，相互合作的理念就成为欧洲走向联合的基石。1951 年 4 月 18 日，法、德、意、荷、比、卢六国在巴黎共同签署了《建立欧洲煤钢共同体条约》，正式建立了以共同市场、共同目标和共同机构为基础的欧洲煤钢共同体，成为推动欧洲一体化进程的核心动力。欧盟成员国认定置身其中而不是置之度外的原则，使得加入欧盟的成员国都愿意并且能够承担欧盟所制定的共同责任。这种合作和参与的态度是一体化得以顺利推进的观念基础。

第二，法治的力量。[②] 欧盟一体化的过程是法制化的过程，以国际条约作为一体化存续和发展的基础。尽管欧盟是建立在国家间条约机制的基础上，但欧盟具有了明显的超国家性。欧盟法律体系广泛而深刻地作用于成员国之间、成员国与欧盟之间以及欧盟内部。

第三，核心国家的紧密协调与合作。[③] 1963 年 1 月 22 日，法德两国签订了友好合作条约，确立了法德联盟的思想，把联盟关系用条约形式固定下来，使法德联盟成为欧洲共同体的核心。

第四，动力的确立——利益契合点的适时选择。[④]

欧洲一体化的成功推进得益于不断提出新的发展目标，在各方得益的基础上实现共赢。

欧洲一体化之所以成功很重要的一点是从经济一体化入手，打好合作基础，用经济手段促进政治问题的解决。所以根据不同历史时期的特点和形势需要，选择切实可行的合作方向也就是找准共同利益的契合点，是欧盟成功推进一体化的坚实基础所在。

---

① https：//zhidao. baidu. com/question/561857977. html.

② https：//zhidao. baidu. com/question/561857977. html.

③ https：//zhidao. baidu. com/question/561857977. html.

④ https：//zhidao. baidu. com/question/561857977. html.

## （二）创新推进的途径、方法与策略

“一带一路”的建成，廉洁是应有之义。每一个“丝路人”、每一位参与者，都应做廉洁文明的使者和廉洁制度的传播者，让廉洁播撒在“一带一路”上的每一寸土地。以推进“一带一路”廉洁建设公约的制定为例。

**1. “两步走”战略**

一部公约所要规范的事项千头万绪、体系结构错综复杂，借鉴其他国际公约的编纂方式，尤其是《联合国反腐败公约》的编纂方式，我们认为，“一带一路”廉洁建设公约的编纂应分阶段、渐进完成。具体而言，是两个“两步走”立法策略的实施。第一个“两步走”是指先制定单行的统一规则，以满足“一带一路”建设的急迫需要，等条件成熟后再编纂完整的“一带一路”廉洁建设公约。第二个“两步走”是指先制定“一带一路”廉洁建设公约总则，然后再编纂各单行统一规则，最后将总则与各单行统一规则合成为“一带一路”廉洁建设公约。

**2. 途径**

一是先制定单行统一规则再编纂“一带一路”廉洁建设公约；二是以编纂“一带一路”廉洁建设公约之举措完善国际反腐败体系与机制。由于第二阶段的“一带一路”廉洁建设公约的编纂可由中国引导立法草案起草、修改其他事宜，将主要增补一些适应中国改革开放，尤其是新时代需求的法律规定，而不是从法理、立法技术、法律体系出发，对反腐败法律体系自身所存在的诸多问题作查漏补缺的立法完善。

**3. 方法**

在“一带一路”廉洁建设公约的编纂过程中，一是要坚持从实证到理性的方法论原则，法典编纂工作要基于十八大以来的反腐败立法实践，基于对法条的扎实的实证研究，还要在实证研究的基础上进行价值规范的思考和平衡；二是要考虑法律适用问题，处理好法典与判例及司法解释的关系，走平民化的立法思路，突出老百姓对法典的理解与法官适用法律的方便，法典的语言力求通俗易懂，准确严谨；三是要力求立法思维超前，制定更远未来能够适用的法律规范，又要讲究法典编纂的体系性。

深化“一带一路”廉洁建设，健全跨境腐败治理工作协调机制，完善我国有关法律域外适用的配套制度，加快形成反腐败涉外法律法规体系。

分步推进“一带一路”廉洁建设。建议中国应重点与透明国际公布的清廉指数排名靠前的国家共建廉洁建设合作，逐步扩展到所有共建国家；加强双边反腐机构合作，及时监测和评估这些国家和投资企业的商业腐败状况和反腐工作，改善投资营商环境，建立腐败风险治理机制；使中国方案成为“一带一路”反腐的重要组成部分，推动反腐合作向纵深发展。[1]

**4. 制定策略**

目前，“一带一路”沿线国家间反腐败法律基础不够牢固。中国应该充分发挥协调沟通作用，加强沿线各国的反腐败国际合作对话与交流，促使各国进一步深化共识，争取早日起草通过统一的“一带一路”廉洁建设公约。同时，也应深刻理解制定“一带一路”廉洁建设公约不是一蹴而就的，而是一项耗时耗力的艰巨任务。在公约正式通过之前，应该分步骤分阶段地举行反腐败国际合作会议，就“一带一路”反腐败关键内容进行讨论，若是达成某些重要共识，可以原则或者宣言的形式通过一些软法；同时，定期举行反腐败国际合

① 刘翔峰，苑生龙．“一带一路”建设中的廉洁问题［J］．东亚评论，2019（1）：163-186.

作培训班，加强各国反腐败国际合作的信息共享和能力建设，以确保各项制度的有效落实。待时机成熟，再就新公约完整的文本草案进行商讨，以期通过一份具有法律拘束力的国际文书。

在制定与实施“一带一路”反腐败公约时应注意：

一是考虑与《联合国反腐败公约》的一致性问题，“一带一路”廉洁建设公约等公约不能背离《联合国反腐败公约》的原则、立场与方法；二是考虑与其他国际反腐败规则、制度的衔接问题；三是考虑如何在“一带一路”参与国国内适用的问题。

# 结　论

## 一、当前国际反腐败合作与中国推进反腐败国际立法的新动向

十八大以来，以习近平同志为核心的党中央励精图治、铁腕反腐，以零容忍态度惩治腐败，并加强反腐败制度建设。与此同时，中国也主动参与、推进反腐败国际合作，并致力于推动建立以追逃追赃务实合作为主要内容的国际反腐败新秩序。

中国的这些重塑国际反腐新秩序的实践也引起了国际社会的强烈共鸣与积极回应。国际反腐显现出一些新的动向。

### （一）中国设置的反腐败国际合作议题引发的共识不断扩大

在20世纪90年代以前，谈论腐败与反腐败国际合作一直是一个敏感的政治问题，有“干涉别国内政”之嫌。直到2000年《联合国打击跨国有组织犯罪公约》和2003年《联合国反腐败公约》的出台，才标志着加强反腐败国际交流与合作已成为世界各国、各地区的共识。

中国的反腐败与国际接轨，始于2005年批准《联合国反腐败公约》，随后的十来年间，中国完成了由参与到推进国际反腐败合作的角色转换，尤其是十八大以来，中国对国际反腐败合作的贡献尤为巨大。

从 APEC、B20 到 G20，从《北京反腐败宣言》发布到《二十国集团反腐败追逃追赃高级原则》落地，在中国的推动下，各国深化国际反腐败合作的共识越来越多，共同推动国际反腐败合作朝着更公正、更合理的方向发展的愿望越来越强烈。

2014 年 11 月，中国力推亚太反腐败合作，建立亚太经合组织反腐败执法合作网络，就追逃追赃、开展执法合作等达成重要共识。这些共识体现在由 APEC 第 26 届部长级会议通过的第一个由中国主导起草的国际反腐败宣言——《北京反腐败宣言》中。

2016 年 4 月 27 日，B20 反腐败专题论坛在北京召开。参会代表的对话以及之后与商界的商讨内容，共同形成了一份《反腐败策略报告》。《B20 向 G20 的政策建议》（B20 2016 Policy Recommendations to the G20）提出 20 条重要的建议，《B20 向 G20 的政策建议》中的关于反腐败的建议是基于《反腐败策略报告》而产生的。

在中国政府的努力下，在 2016 年 9 月的 G20 杭州峰会上，各国领导人达成了多项深化反腐败国际合作共识，令世界瞩目。多项共识包括核准《二十国集团反腐败追逃追赃高级原则》和《二十国集团 2017—2018 年反腐败行动计划》，以及决定在中国设立二十国集团反腐败追逃追赃研究中心等事项。

此外，国际反腐峰会也承诺加强跨国合作查处腐败分子。2016 年 5 月，国际反腐败峰会在英国伦敦召开，参会各国就加强国际合作，追踪和查处腐败分子达成共识，并发布了《国际反腐败峰会公报》和《全球反腐败宣言》。

反腐败已经成为国际多边合作的重要议题，联合国、二十国集团、亚太经合组织、金砖国家、国际刑警组织、世界银行等就加强反腐败国际合作达成共识；不给腐败分子提供“避罪天堂”、拒绝腐败分子入境、建设反腐败执法合作网络，成为国际社会共同遵循的准则。

## （二）反腐败国际合作不断拓宽

如前所述，随着跨国腐败现象频发，各国开始意识到开展国际合作的重要性。国际间反腐败协作不断加强，合作领域和途径不断拓宽。

目前，国际性的反腐败协作活动主要有：一是联合国各会员国讨论国际性反腐败问题，二是国际司法组织联合行动对付腐败犯罪，三是各国政府间组织反贪污反腐败策略研究。此外，还有国际经济组织也向腐败采取行动，各地区洲际组织也积极开展反腐败合作，非政府反腐败组织的活动也非常活跃。

目前，各国在反腐败斗争中加强合作，开展国际联合行动，也是世界反腐败斗争发展的新趋势。

如，中国以自身追逃追赃实践引领国际反腐败执法合作，不断推动反腐败国际追逃追赃工作向纵深发展；以建设性态度积极参与反腐败全球治理，加强与联合国、二十国集团、金砖国家、亚太经合组织、东盟等国际地区组织及世界各国合作，推动国际反腐败合作取得新成效。中国推进的国际追逃追赃，标志着国际反腐的广度正在迅速拓宽。

## （三）反腐败国际合作机制不断完善

反腐败国际合作内涵丰富、层次多元、范围广泛，除了反腐败追逃追赃合作之外，还包括建立相关信息共享机制，出入境移民活动监管，司法文书送达，调查取证，冻结、追缴、移交有关物品，被判刑人移管，执法人员培训，技术援助，为开展反腐败跨境合作的官员提供行政安排等便利，提供有关法律资料等。

如，APEC 反腐败执法合作网络（ACT-NET）机制包括建立并发展一个涵盖各成员经济体反腐败和执法人员的合作网络，以加强负责腐败、贿赂、洗钱和非法贸易犯罪的调查、起诉以及确认和返还非法所得的机构之间的非正式跨境合作，并为成员间的反腐经验交流、案例培训、法律沟通提供方便。

又如，2016 年，G20 杭州峰会通过《二十国集团反腐败追逃追赃高级原则》、《二十国集团 2017—2018 年反腐败行动计划》、在华设立 G20 反腐败追逃追赃研究中心等事项。其中，《二十国集团反腐败追逃追赃高级原则》也由中方起草并引导 G20 各成员凝聚共识、一致通过，是继 2014 年 APEC《北京反腐败宣言》发表以来，中国在当时主要国际合作机制下主导通过的又一项影响深远的反腐败国际文件。该原则致力于打造一个“零容忍、零漏洞、零障碍”的反腐败国际追逃追赃合作体系，内容涉及拒绝腐败分子入境、建立个案协查机制、完善合作法律框架等多个方面，明确要求各国为追逃追赃工作创造有利条件。

## （四）中国倡导构建国际反腐新秩序和推进反腐败国际合作与立法

面对各国对国际反腐败秩序思变的大势，中国积极加强战略谋划，主动设置反腐败国际合作议题，积极搭建国际交流合作平台，不断增强国际话语权和规则制定权。

“中国方案”一直在推进国际反腐败合作与反腐败国际立法。

2014 年担任亚太经合组织反腐败工作组主席，主导通过《北京反腐败宣言》，中国第一次以国际文件的形式明确提出加强反腐败追逃追赃等务实合作的“中国主张”。

2016 年担任二十国集团反腐败工作组主席，引导通过《二十国集团反腐败追逃追赃高级原则》《二十国集团 2017—2018 年反腐败行动计划》，开创性地提出“零容忍、零漏洞、零障碍”重要原则，把《北京反腐败宣言》变成行动。2016 年 5 月，中央纪委有关负责同志出席国际反腐败峰会并就“打击腐败”专题作大会发言，倡导国际社会进一步加强追逃追赃合作。9 月，G20 反腐败追逃追赃研究中心在北京设立，这是第一个面向 G20 成员国开展相关研究工作的机构。11 月，与国际反腐败学院联合举办中国—东盟反腐败研讨班，这是我国首个区域反腐败合作项目，开辟了中国—东盟合作新领域，推动了二十国集团杭州峰会成果向国际社会的延伸，展现了中国在反腐败领域的领导力和影响力。同 90 多个国家和地区的反腐败机构建立友好关系，加快引渡条约、刑事司法协助条约等谈判、缔约、履约进程，不断完善双边反腐败执法合作机制，与外国反腐败机构签署合作协议 27 份。这一系列成果是推动全球反腐败治理体系变革的重要举措，也是倡导构建国际反腐败新秩序的生动实践。

特别是在习近平提出了“金砖+”合作理念后，金砖国家积极同有关国际组织开展反腐败领域对话交流，不断提升反腐败国际治理体系的公平性、有效性、包容性，金砖国家反腐败合作起到了良好的示范效应，向国际社会展现了反腐败国际合作的广阔前景。

## 二、中国是当下与未来国际反腐败合作与立法的推进者

面对百年未有之大变局，中国始终以实际行动维护国际规则体系，同其他国家一道努力克服全球治理中的国际法治危机，并为此作出巨大贡献。

新时代中国推进国际反腐败立法是历史的选择和国际社会的选择。

中国始终是全球反腐败治理的积极参与者和贡献者，也是广大发展中国家反腐败合作共同意愿的倡导者和实践者，更是当下和未

来反腐败国际合作与立法的推动者。

如果把近年来中国推进反腐败国际合作与立法的历史进行一个大致的分期的话，我们认为：

从 2012 年至 2014 年，可视为中国推进反腐败国际合作与立法的准备时期。

从 2014 年 APEC《北京反腐败宣言》的制定到 2016 年 G20 杭州峰会制定《二十国集团反腐败追逃追赃高级原则》等反腐败国际法律规则，可视为中国推进反腐败国际合作与立法的初步发展时期。

从 2017 年首届“一带一路”国际合作高峰论坛倡导建设“廉洁之路”到 2022 年金砖国家领导人第十四次会晤发布《金砖国家领导人第十四次会晤北京宣言》及《金砖国家拒绝腐败避风港倡议》，再到 2023 年 10 月举行的第三届“一带一路”国际合作高峰论坛，可视为中国全面推进反腐败国际合作与立法的大发展时期。

放眼未来，中国将越来越自信地推进反腐败国际立法，在全球腐败治理乃至全球治理中发挥主导性作用。

# 后 记

本书是在我主持的2013年国家社科基金重大项目“推进反腐败国家立法与党内法规、制度建设研究”部分拓展性研究成果、2017年“十三五”国家重点图书出版规划项目“中国反腐败国家立法研究丛书”、2018年湖南省社科基金智库重大项目“中国反腐败立法研究”部分结题成果的基础上，按照2022年国家出版基金项目“中国反腐败国家立法研究丛书”的撰写要求，按照2023年广西大学应用经济学学科交叉科研项目“‘一带一路’建设中中国—东盟经贸合作廉洁规则研究”的结题要求，参考了大量中英文研究文献，修改、增写而成。

本书的思考始于2013年，其时，我作为国家社科基金重大项目的首席专家，正承担“推进反腐败国家立法与党内法规、制度建设研究”课题。当时，我有这样的思考：中国在取得令世界瞩目的反腐败成绩后，作为一个负责任的大国，如何为国际反腐败合作与立法提供中国方案与中国特色的公共产品？之后，尤其是2014年以来，中国在APEC引领制定《北京反腐败宣言》、在G20杭州峰会引领制定《二十国集团反腐败追逃追赃高级原则》（2016年）、在首届“一带一路”国际合作高峰论坛倡导建设“廉洁之路”（2017年）、在金砖国家领导人第十四次会晤牵头发布《金砖国家领导人第十四次会晤北京宣言》及《金砖国家拒绝腐败避风港倡议》（2022年），我感觉到：国际规则重塑的时代来临了，中国推进反腐败国际合作与立法的时代来临了。作为理论工作者，我有责任前瞻性地思考上述问题、研究上述问题。

2019 年，我从湖南大学调入广西大学后，继续潜心、深度思考中国如何为国际反腐败合作与立法提供中国特色的公共产品、中国如何推进反腐败国际立法等问题。

虽然我在书中竭尽全力想把所有他人的东西一一标注上，不掠人之美，但难免有遗漏。恳望大家的学术批评、指正。

感谢各级社科基金、规划项目的资助。尤其要感谢湖南省哲学社会科学规划基金办公室，允许我主持的湖南省 2018 年湖南省社科基金智库重大项目“中国反腐败立法研究”延期结题。感谢广西大学科研院鼓励我申报 2023 年广西大学应用经济学学科交叉科研项目“‘一带一路’建设中中国—东盟经贸合作廉洁规则研究”。

感谢湖南大学领导、同事们给予我的关怀、支持，感谢广西大学领导、同事们给予我的关怀、支持。感谢湖南大学出版社的领导和编辑们。

感谢家人长期以来对我的理解、包容与支持。正是这些理解、包容与支持，才使我能在学术的道路上勇往直前。

是为记。

**聂资鲁**

2023 年 7 月

于广西大学法学院